ザビエルと天皇

豊後のキリシタン歴史秘話

守部喜雅

いのちのことば社 フォレストブックス

はじめに

それは、五十六年ぶりの再会でした。大分県別府市にある鶴見ケ丘高校を一九五九（昭和三十四）年に卒業して以来、同級生との交友はなく半世紀以上が経っていました。

その再会のきっかけを作ってくれたのは高校の同窓会会館からの依頼の通知です。「ネットで、サムライの本を出しているのを知った。ついては、本を同窓会会館に寄贈してくれないか」。この突然の申し出に驚きもしましたが、喜んで自著を寄贈させていただいたのです。その後、同級生の一人からは大分県のキリシタンに関する資料が送られてきました。そこから話が発展して別府に帰郷の折は、聖書を読んだサムライについて講演会を開きたいという要望も出てきました。

二〇一四年十一月に開かれた講演会当日、同級生二十人ほどが会場のキリスト教会に駆けつけてくれました。その昔、十八歳の高校生が今は七十四歳の高齢者として目の前に現れたのです。老いた自分のことは棚にあげて、「えー！」とその変化に驚いたものです。

そんな同級生とのやり取りの中で分かったことは、今から四百五十年以上も前の戦国時代に、別府湾を舞台に、キリシタンにまつわる様々な出来事が起こっていたということでした。中でも、注目したのは、日本へ最初の宣教師としてやって来たフランシスコ・ザビエルが、一五五一（天文二十）年十一月、この別府湾からポルトガル船に乗って帰国の途に就いたという事実です。そこには、豊後《ぶんご》（大分県）の領主・大友宗麟《そうりん》との劇的な出会いがあり、それは、やがて、別府湾を望む地域から多くのキリシタンが生まれ、殉教の死を遂げた者もいたという物語につながっていくのです。

ここに紹介する話題は三部に分かれています。いずれの話題にも別府湾が舞台背景として出てきます。この原稿の執筆にあたり、別府湾を望むキリシタンゆかりの地をくまなく訪ねました。そこには、四百五十年以上も前の出来事であるにもかかわらず、今も、決して色あせることなく生き続けている真実がありました。それは、一言でいうなら、キリシタンの世紀に生まれた〝愛と赦しの物語〟と言えるかも知れません。

第一部では、天皇とキリスト教という異色のテーマを取り上げてみました。古くは戦国時代にまで遡《さかのぼ》りますが、近くの話題としては、終戦直後の日本で、天皇が急速にキリスト教に接近したという信じられないような出来事が起こっています。なぜ、そのようなことが起こったのか。それは、敗戦後、人々が生きる指針を失った日本の復興のために新しい価値観を求めざるを得なかったという状況と無関係ではありません。

キリシタン大名の挫折と再生を扱った第二部では、大友宗麟や黒田官兵衛など有名なキリシタン大名の他に、従来の歴史では背教者の烙印を押された大名も登場します。しかし、その歴史の陰の部分と言われる中にも、かすかではあるが光もあったことを知ることができる

でしょう。また、第三部のペトロ岐部《きべ》の波瀾万丈の生涯は現代人にとっても胸をわくわくさせるエピソードに満ちています。そして、生きる意味を見いだせないで苦しんでいる現代人に、「人生には命よりも大切なものがある」ことを教えてくれるはずです。

信長や秀吉、家康など野望を抱いた武将たちが活躍した戦国時代――それは同時に、歴史の陰に隠れてはいますが、日本の中で、愛と赦しの物語が最も輝いた時代でもあったのです。

目次

〈凡　例〉

引用文は、出典の表記のまま掲載しています。ただし、文意を補うため、括弧で意味を補足している箇所があります。その場合は「編集部注」と記しています。　例↓「彼（大友宗麟・編集部注）」

昭和天皇（出典：Wikimedia Commons）

第一章

天皇とキリスト教

四百年後に実現したザビエルの思い

ザビエルの手紙①

（一五四九年六月二十二日付、日本への途上、メストン・フランシスコ師より、メストレ・シモン、およびヨーロッパのイエズス会会員に送った書簡）

「私は二名の同僚を伴って四月にインドを発って日本に向かいました。その一人は司祭で他は修道士で、それに三名の日本人キリシタンが同行しました。彼ら日本人は、主イエズス・キリスト様の信仰の基礎を十分身につけた上で洗礼を受けた人たちです。彼らはゴアの我らの聖なる信仰の学院（サン・パウロ学院）で教えを受け、そこでポルトガル語の読み書きを教わり、心に深く準備して心霊修行を行いました。デウス様は彼らに大きな御恵みを与え給い、彼らは創造主であり罪の贖《あがな》い主であられる主なるデウス様から多くの恩恵を受けたことを明らかに悟って、それを感謝するに至っています。（中略）

彼らはポルトガル語の読み書きができ、祈祷書によって祈っています。私がしばしば彼らに、どの祈りが一番好きで霊的な慰安を感じるかと聞きましたところ、彼らは、主（イエス・キリスト：編集部注）の御受難について祈るのが一番好きだと申しました。そして彼らは（中略）心霊修行を行なう間、深く信仰し、慰めを覚え、涙を流していました。（中略）

彼らのうちの一人でありますパウロ・デ・サンタ・フェ（日本名・弥次郎）が、深い溜息をついて

『聖ザビエル伝』。イエズス会のドミニク・ブウールが1682年に出版した本に掲載されたザビエルの肖像。19世紀までに数十回も版を重ねたロングセラー。大分市歴史資料館所蔵

こう言うのが聞かれました。『哀れな日本の異教徒たちよ。汝らは、デウス様が人間のために造り給うた被造物を神《デウス》のように崇拝しているのだ』と。私が彼に、なぜそのようなことを言うのか、と訊《たず》ねますと、彼は次のように答えました。『私は太陽や月を拝んでいる母国の人々のためにそう申しているのです。イエズス・キリスト様を知る者にとって太陽とか月は、昼と夜を照らし、その光によってデウス様を知り、地上においてデウス様ならびにその御子イエズス・キリスト様を栄光あらしめる、いわば人間のための主なるデウス様の召使いにすぎぬものなのですから』と」（『完訳フロイス日本史6』松田毅一・川崎桃太訳）

その日は、終戦記念日と同じ日なので覚えやすいのですが、一五四九（天文十八）年八月十五日、フランシスコ・ザビエル一行七名は、坊ノ津港から鹿児島の地に上陸しました。今から四百五十年以上も前の話です。

マラッカから出航した中国人の海賊が所有していたというその船は、途中、激しい嵐に見舞われながら、三か月もの苦難の航海の末、未知の国「ジパング」に着いたのです。それは期待と不安が激しく交差した旅でもありました。

十六世紀前半、ヨーロッパでは、宗教改革の嵐が吹き荒れていました。キリスト教の土台とも言える聖書の教えから離れ堕落した教職者が、信者を間違った方向に導いていることに危機感を感じたのが司

マルチン・ルター　wikimedia commons

祭のマルチン・ルターでした。彼がドイツで起こした宗教改革運動は、良識あるカトリック教徒にも影響を与え、信仰を刷新するべく多くの修道会が生まれたのです。

イエズス会もその一つでした。この修道会は、世界にキリストの福音を伝えるための道具として、自らの使命を位置づけ、創立メンバーの一人であるスペイン人のフランシスコ・ザビエルは、一五四一年にポルトガル国王ジョアン三世の後援を受けてリスボンを出発、翌四二年以降、インド宣教にあたりました。そして、一五四七年、マラッカで日本人青年ヤジロウに出会ったことによって日本宣教のビジョンが与えられたのです。

ザビエルが来日にあたり、何よりも渇望していたのは、「天皇」に謁見《えっけん》して日本での布教の許可を得ることでした。マラッカで、ヤジロウから日本の事情を聞いていたザビエルは直感的に、日本では「天皇」こそすべての権力の頂点にある存在であることを理解していたのでしょう。

ザビエルを日本に導いたヤジロウは、鹿児島出身の商人（倭寇《わこう》という説もある）で、人を殺害した罪を逃れるため海外に逃亡、マラッカでイエズス会の司祭に会いキリスト教に触れます。

ザビエルに出会ったのは一五四七年のことです。ヤジロウの賢さを見抜いたザビエルは、出会った翌年、ヤジロウを日本伝道の役に立つようにとインドのゴアにあった聖パウロ学院に入学させます。そこでキリスト教の教えを受けたヤジロウは、同年五月に洗礼を受け、パウロ・デ・サンタフェというクリスチャン・ネームを称するようになります。

聖パウロ学院でヤジロウの指導にあたったのは、院長のニコラオ・ランチロットです。彼は、ヤジロウから、様々の日本に関する情報を聞き、後に「日本情報」という記録にまとめています。ただ、一介の商人に過ぎなかったヤジロウが知っている情報には限界があります。その報告には間違いも少なくありません。それでも、他に日本に関する情報をもっていなかったザビエルは、この「日本情報」に大きな影響を受けて行動することになります。

特に、ザビエルが注目したのは「天皇」の存在でした。「日本情報」の中では、天皇について次のような記述があります。これは来日前のザビエルも読んでいた記録です。

駆け足人物伝

フランシスコ・ザビエル

（一五〇六〜一五五二）

日本に渡来した最初のキリスト教宣教師。スペインの名門貴族の子として生まれる。十九歳で、パリに留学、パリ大学哲学部を卒業後、イグナチオ・ロヨラと出会い、その影響で信仰に目覚めカトリック教会の宣教団体・イエズス会の創設に参加。ポルトガル国王の要請に応じて、一五四二年、インドのゴアに宣教師とし

「第一の王（rey prymçypal）は、彼らの言葉でワゥ Vo（王＝天皇）と呼ばれている。これは彼らの間で最も有力な血統（casta）である。この血統に属する者は他の血統の者と結婚しない。彼らの間で、この王は私たちの教皇 papa のような存在のように思われる。彼は俗人たちおよびこの国にたくさんいる宗教家たちを統轄している。彼（ワゥ）はあらゆることに絶対的な権限をもっているが、（彼が述べるところでは）決して誰かを裁くような命令を下さず、あらゆることを、彼らの言葉で、ゴシヨ goxo（御所＝将軍）と呼ばれる者に任せている。御所は私たちの皇帝 emperador のような存在であり、日本全土に命令権、支配権をもっているが、前述の王に服従している」（『天皇とキリシタン禁制』第1章　村井早苗著）

これを読むと、天皇は、ローマ教皇のように宗教家たちを統括する力をもった存在であり、世俗的な統治権は、ヨーロッパで言えば皇帝にあたる将軍が把握している、そして将軍は天皇に服従している、と説明されています。「天皇」を政治の権力者ではなく、宗教的な権威をもっているローマ教皇のような存在として捉えているのは、ザビエルの天皇観

て赴任。七年間で十万人もの人々に洗礼を授けた。

四七年、マラッカで日本人の弥次郎に出会い、日本での伝道を決意、四九年（天文十八）年八月十五日、鹿児島に上陸。その後、平戸、山口を経て京都に行くも伝道はできず、山口と豊後大分で伝道して、五一年十一月十五日、別府湾からポルトガル船に乗って日本を去った。

二年三か月の滞在中、約七百名に洗礼を授けた。日本退去後は中国伝道を決意するが大陸入りを目前にして死亡した。

に大きな影響を与えたポイントと言えます。

✠ザビエルと禅僧の対話

日本語が不十分だったザビエルは、ヤジロウの助けをしばしば借りることになりますが、最初の助けは、薩摩《さつま》の領主・島津貴久に謁見《えっけん》が許されたことでした。薩摩の領主は、外国からの珍客に興味を示し、鹿児島でのザビエルたちの滞在を許し、様々な便宜も図っています。ちなみに、ザビエルは、日本語に訳された聖マテオ福音書（マタイの福音書）を携えてきましたが、これはマラッカで、ヤジロウの助けによって翻訳されたものです。おそらく、これが最初の日本語訳聖書と言えるものですが実物は現存していません。ちなみにマタイとは、税を取り立てる悪徳な役人から回心してイエスの弟子になり、イエス・キリストの生涯を記録した人物です。ルイス・フロイスの『日本史』には、当時、ヤジロウが漢字を書けなかったため、このマタイの福音書の日本語版はひらがなによって表記されていたと記しています。

さて、ヤジロウこそ、日本における聖書和訳のパイオニアと言えるのかも知れませんが、事情が事情だけに誤訳も少なくなかったようです。中でも一番の誤訳は、ラテン語で神を表す「デウス」という言葉を、ヤジロウは、「大日《だいにち》」と教えていたことです。ザビエルが、鹿児島から平戸を経て山口に赴いた時、ザビエルが神を「大日」と呼び、「大日を拝んでください」と説教しているのを聞いた地元の僧侶たちは、ザビエルが真言宗の本尊《ほんぞん》、大日如来《だいにちにょらい》を拝んでいるものと思い心から歓迎し最大の尊敬を示したと言われています。

ところが、山口でキリシタンになった人の中には漢籍に通じ真言宗の教義にくわしい人物がいて「大日」がキリスト教の神の概念を表すものでないことに気づき、ザビエルに忠告しています。以来、ザビエルは、日本語がある程度できた修道士・フェルナンデスに命じて「大日は拝むな」と街頭で叫ばせ、この時から「神」を表す言葉としてラテン語の「デウス」だけを用いるようにしたのです。

ザビエルの手紙②

(一五四九年十一月五日、日本到着後、初めて鹿児島よりゴアのイエズス会員に宛てた手紙)

「この島、日本は、聖なる信仰を大きく広めるためにきわめてよく整えられた国です。そしてもし私たちが日本語を話すことができれば、多くの人々が信者になることは疑いありません。主なる神は私たちが短い期間に日本語を覚えるならば、きっとお喜びくださるでしょう。私たちはすでに日本語を好きになりはじめ、四〇日間で神の十戒を説明できるくらいは覚えました。

私がこのように詳しく報告しますのは、あなたがた全員に神に感謝を捧げていただきたいからです。

というのは、あなたがたの心に秘めている宣教の思いがかなえられ、遂行されるために、諸地方がつぎつぎと発見されているからです。そしてまた、あなたがたが、諸徳を兼ね備え、贖《あがな》い主にして主なるイエズス・キリストへの奉仕のために、さまざまな苦しみを耐え忍ぶことを望んでいただきたいのです。そして神は、いかに多くの奉仕を捧げるとしても、奉仕そのものよりも、人びとが自身を捧げ、神への愛とその栄光のためにだけ、全生涯を捧げようとする謙遜に満ちた善良な心を、重んじられるのだということをつねに思い起こしてください」（『聖フランシスコ・ザビエル全書簡3』書簡第九〇　河野純徳訳）

ザビエルの鹿児島滞在は約十一か月に及びました。この間、ザビエルは、地元で最も尊敬を受けていた福昌《ふくしょう》寺の住職、忍室《にんしつ》としばしば会い、人生の意味について意見交換をしています。当時は、ザビエルの日本語はまだまだということもあり、住職との会談は、いつもヤジロウの助けを借りて行われたようです。面白いことに、ある時など、まるで禅問答のようなやりとりをしています。フロイスは、その状況を次のように、『日本史』に紹介しています。


ある日、ザビエルはこの禅僧にこんな質問をしています。

「あなたは、青年時代と、今すでに達している老年期とどちらが良いと思っておられるか」

禅僧曰く「それは青年時代だ」

そしてその理由をこう述べたのです。「青年時代は、まだ肉体が病気やその他の苦労に煩《わずら》わされるこ

安土桃山時代～江戸時代に描かれたと思われる「南蛮屏風」（一部）。南蛮船と南蛮人、そこから降ろされたと思われる品々など活気ある風景が描かれている。国立歴史民俗博物館所蔵。

とがないし、自由もあります」

　それに対し、ザビエルは一つのたとえ話をします。

「ここに一艘《そう》の船があって、港を出港し、ぜがひでも他の港に行かねばならないと仮想してください。その船に乗っている人々は、波風や嵐にさらされて大海原の真っただ中にいる時と、もう港が見え出し、やがて港口に入りながら、過ぎ去った海難や嵐のことを回想できるようになった時と、どちらの時に、いっそう嬉しい思いになるのでしょうか」

　その老僧は答えます。「伴天連《ばてれん》殿、港が見える時の方がうれしく喜ばしいことは当然であることはよく承知しています。だが拙僧には、今まで、どの港を見分けるべきか決めてもいないし、決心したこともないので、どのように、どこへ上陸せねばならないのかが分からないのです」

この自分に正直な禅僧は、ザビエルを通して人生の深さと大きさを学んでいきます。キリスト教には、これまで求め続けていた禅宗にはない深い真理があると分かった時、彼は洗礼を志願もしているのです。けれど、彼が洗礼を受けることはありませんでした。それは、キリストに心を惹かれつつも、結局は、日本の古い教えを完全に捨て去ることはできなかったからです。ここに、人間を超えた絶対的な真理よりも、偉い人が神々として祭られ拝まれるという、日本が古来から受け継いできた精神風土の限界のようなものを感じます。

天皇には会えなかった

ザビエルが日本に滞在した二年余りの年月の中で、その最高権力者と思った人物、すなわち天皇に会うことは遂にかないませんでした。

ところで、不思議なものでザビエルの来日、すなわちキリスト教伝来と天皇とは、見えざる糸に結び合わされるように、日本の歴史の中で互いにその関係が交差していくのです。

ザビエルが、天皇に会うため、鹿児島の坊ノ津港から長崎の平戸に船で行き、そこを出発したのが

大分の「ザビエルの道」。西鹿鳴越（にしかなえごえ）道といわれる古道は、かつてザビエルが府内の大友宗麟（そうりん）と会見する際に歩いた道といわれる。写真提供：ツーリズムおおいた

一五五〇（天文十九）年一月でした。途中、山口では領主・大内義《よし》隆《たか》から予想外の歓待を受けますが、天皇に会いたいという思いはいかんともしがたく、そこそこに山口でいとまを乞い、天皇がいるであろう京都へと向かったのでした。

当時の政治的権力は室町幕府にありました。しかし、ザビエルが来日した頃の日本は乱世です。二百以上の国が興り、領主たちは国盗《くにと》り合戦に明け暮れていました。室町幕府の権力は後退し、将軍・足利義輝《よしてる》も、戦乱の世に、京都から脱出するという有様で、ザ

ビエルがやっとの思いでたどり着いた京都は荒れ果て、会いたかった天皇は戦乱を避けて都を離れており謁見《えっけん》はかなわなかったのです。

ザビエルが天皇との謁見を切望した理由――、それは日本の最高権力者の許可がなければキリスト教の布教は不可能と真剣に考えた節があります。後に、宗教に関する許可は、比叡山と接触する必要があることが分かるのですが、ザビエルは比叡山に出向くことはなく、それを実行に移したのは、ザビエルの後継者であるイエズス会の宣教師たちでした。ただし、この時は、比叡山からは布教許可は得ることができませんでした。それでも、イエズス会の布教が九州、中国、畿内（関西）でと進んでいったのは、各地の領主の裁量で布教の許可が出たという戦国時代特有の事情があったからと言えます。

✠反伴天連の正親町天皇

これは、ザビエルが帰国後の話になりますが、一五六五（永禄八）年、時の正親町《おうぎまち》天皇は、人々のキリシタンに関する悪いうわさに惑わされ、日本で最初の宣教師追放令を発布しました（ザビエルの帰国後、イエズス会宣教師としては、司祭のトーレス、修道士のフェルナンデスが、山口、豊後などで布教活動を続け、以後、ヴィレラやカブラルなどの宣教師が来日、京都にもイエズス会の宣教師が進出していた）。

キリシタン禁制の布告としては、一五八七（天正十五）年の豊臣秀吉による伴天連《ばてれん》追放令が有名ですが、それより十二年前に天皇が伴天連追放令を発布していたとは驚きです。

この間の事情について説明しますと、一五六五（永禄八）年七月、将軍足利義輝が暗殺されるという混乱状態の中で、正親町天皇の綸旨《りんじ》（命令）によって、当時、京都にいたヴィレラなどのイエズス会の宣教師たちは京都を追放されます。ヴィレラは、一五五九（永禄二）年に将軍・足利義輝の許可を得て京都に入っていますから、六年後の追放ということになります。

どうして、このようなことになったのか。一五六三（永禄六）年に来日し、後に『日本史』を書いたルイス・フロイスは、その本の中で次のように事情を説明しています。

「さて都には二人の名望ある兄弟がいた。その一人は公家で、富裕であり、竹内三位《たけのうちさんみ》と称した。彼は法華《ほっけ》宗の新たな派を開くことを切望しており、それがために必要な多額の資産と、自分に好意を示す非常に高貴な人々を後援者にもっていた。その兄弟は松永霜台の家に仕える貴人で、可兵衛下総《かへえしもうさ》殿と称した。彼らには、もしデウスの教えが弘《ひろ》まるならば、自分たちが計画を遂行しようとするのにははなはだしく障害となるように思われた。そこで彼らは都にあった法華宗の二つの本山、すなわち一つは六条（本国寺）、他は本能寺と称した寺の僧侶たちとその問題を協議し、霜台も法華宗徒であり、デウスの教えを嫌悪していることだから、彼を説得して伴天連《ばてれん》たちを殺させようと決定した」

（『完訳フロイス日本史1』第24章　ルイス・フロイス著／松田毅一・川崎桃太訳）

デウスとは、ラテン語で創造主なる神のことを指しています。神という日本語を、あえて使わないのは、戦国時代の日本において、たくさんの神がおり、通常、偉人などが死んだら神として祭られるのが日本の精神風土の特徴だったからです。乃木将軍が殉死したら乃木神社ができますし、西郷隆盛は、彼を崇敬する庄内藩士が、彼を神と祭って南洲《なんしゅう》神社ができています。

その他、太陽や月といった自然を拝むといったことも含め、たくさんの神々の世界が日本にはあります。そこには、絶対的な真理とは何か、という発想そのものが存在しないのです。ですから、唯一の神を信じるという信仰も生まれてこないことになります。

もちろん、日本人にも永遠を想う心はあります。聖書の中に、「神はすべての人間に永遠を想う心を与えられた」と記されています。ですから、「人間死んだらおしまい。ただの灰になって終わりさ」と言う人も、

駆け足人物伝

ルイス・フロイス（一五三二〜九七）

ポルトガルのリスボンに生まれる。少年時代には王室秘書庁で働き、一五四八年にイエズス会に入会してインドに向かった。ゴアで、ザビエルや弥次郎に出会い、マラッカに赴く。六一年、司祭になり、その文才が認められ、東洋各地からヨーロッパ向けの通信の責任を負った。六三（永禄六）年、三十一歳の時に来日。日本の言語や風習を学び、その卓抜な記憶力と観察

実は心の奥底では、愛する人が死んだ時など、その人と来世で再会したいと思う心があったとしても不思議ではありません。

問題は、唯一の神を信じるキリスト教が神々の世界である日本にやって来た時、僧侶や反伴天連の公家方、そして、神道の祭儀を司る天皇らが、キリスト教を日本への脅威として捉え、キリスト教を正しく理解することなしに追放運動を展開したということです。

結局、正親町《おうぎまち》天皇は、法華《ほっけ》宗の僧侶や反伴天連の公家たちの讒言《ざんげん》によって、伴天連追放の綸旨《りんじ》を出します。フロイスは『日本史』の中で、なぜ天皇が宣教師を追放したかについて触れていますが、「天皇は、宣教師を日本の神と仏に敵対する教えの宣布者として都から追放したのであり、帰京を許可するためには、人間を食べぬ、ということを宣教師たちは日本の偶像の前で誓わなければならない、とした。」と記しています。

神道の祭儀を司る天皇が、外来宗教の伝来に警戒心をもつのは理解できます。しかし、キリスト教の本質を知ることなく、「伴天連は人肉を食べる」といった荒唐《こうとう》無稽《むけい》の風評に惑わされた結果、天皇が反伴天連政策にお墨付きを与えたことは日本の歴史上の不幸というほかありません。


力で、日本各地で克明な記録を残し、後に『日本史』としてまとめられる。京都では、時の支配者・織田信長に気に入られ、十八回におよぶ謁見《えっけん》をしている。日本語が堪能だったため、来日したイエズス会司祭の通訳として、信長や豊臣秀吉に何回も会っており、『日本史』には、日本側の資料にはない信長や秀吉の人間味ある実像が克明に記録され、戦国時代の資料としては大きな価値がある。日本滞在は三十年。九七（慶長二）年、長崎で死去。

ただし、この天皇の反伴天連《ばてれん》政策は、幸いにも、あまり効力を発することはありませんでした。その背景には、当時、天皇には実際的政治権力がなかったという事情があります。

ここで、大いなる疑問が起こってきます。実際の権力を握った将軍たちが、なぜ、天皇の権威に、名目上とはいえ、寄りすがらざるを得なかったのか。作家の坂口安吾が書いた『続・堕落論』には、天皇―支配層―民衆の関係が以下のように説明されています。

「藤原氏や将軍家にとって何がために天皇制が必要であったか。何が故に彼ら自身が最高の主権を握らなかったのか。それは、彼らが自ら主権を握るよりも、天皇制が都合がよかったからで、彼らは自分自身が天下に号令するよりも、天皇に号令させ、自分が先ず、まっさきにその号令に服従して見せることによって、号令が更によくいきわたることを心得ていた。その天皇の号令とは天皇自身の意志ではなく、実は、彼らの号令であり、彼らは自分の欲するところを天皇の名に於いて行い、自分が先ず、まっさきにその号令に服してみせる。自分が天皇に服す範を人民に押し付けることによって、自分の号令を押し付けるのである。自分自らを神と称し、絶対の尊厳を人民に要求することは不可能だ。だが、自分が天皇にぬかずくことによって、天皇を神たらしめ、それを人民に押し付けることは可能である」。これも、天皇の権威に関する一つの解釈と言えましょう。

狩野元秀作「信長像」（部分）長興寺蔵／写真：Wikimedia Commons

天皇と織田信長

一五六八（永禄十一）年九月、当時、天下取りに野心を抱いていた織田信長は、暗殺された足利義輝《よしてる》の弟・義《よし》昭《あき》を推して京都に入り、三好《みよし》三人衆を阿波《あわ》に追い落として松永久秀《ひさひで》を降伏させました。十月には、義昭は天皇によって将軍に任ぜられました。

十二月、イエズス会宣教師・ルイス・フロイスは、信長や義昭に助けを求めて京都に入り、二人に謁見《えっけん》が許されました。ところが、フロイスの信長、義昭への謁見に先立って宣教師帰京の報を知った朝廷は、直ちに将軍・義昭に、宣教師の追放を信長に行わせるよう要求しています。

「内裏《だいり》（天皇）は、伴天連《ばてれん》が都に帰ったことを聞き、ただちに公家様に宛てて、伴天連を引見せず、彼を迎えず、また信長に対しては遅延することなく彼を放逐するように伝えられたい旨の書状を届けた」とフロイスは証言しています。

これを見ると、天皇はあくまでもキリスト教宣教師の京都居住に反対する立場に固執していたことが分かります。そのため、フロイスの信長、義昭への謁見《えっけん》は延期されます。

しかし、一五六九（永禄十二）年四月に、フロイスは信長に謁見を許されています。それ以来、フロイスが京都にいた八年の間で、記録によると少なくとも十二回、二人は親しく会見を行っており、信長が本能寺の変で倒れるまで、この信長とイエズス会宣教師との熱い交流は続いたのです。

さて、フロイスは、天皇の反対にもかかわらず、信長と義昭との謁見を遂げました。その結果、四月八日付で、宣教師の京都での居住を許可し保護を与えるという信長の朱印状が、さらに、四月十五日には義昭の制札が出されています。

ところが、その十日後のこと、信長が岐阜に向かって京都を不在にした四月二十五日、再び、正親町《おうぎまち》天皇より宣教師追放の綸旨《りんじ》が出されたのです。あとで分かったことは、天皇に綸旨を出させるように画策したのは、朝日山日乗《あさひやまにちじょう》という仏僧でした。反伴天連の急先鋒《せんぽう》であった日乗は、後に、信長の前でフロイスとロレンソ了斎に宗教論争を挑みますが敗北してしまいます。

日乗から、綸旨による宣教師追放を求められた義昭は「ある人物を、都に入らせるとか、去らせるとかは、陛下の係りあう問題ではない。いな、予（私：編集部注）の職務に属することである」と、その要求を拒否しています。一方の信長にも、日乗は天皇の名で宣教師追放を督促《とくそく》しています。しかし、フロイスとロレンソ了斎が岐阜の信長のもとに赴くと、信長は彼らを歓待し、「内裏《だいり》（天皇）も公方様も気にするに及ばぬ。すべては予の権力の下にあり、予が述べることのみを行い、汝は欲する所にいるがよい」と答えています。ロレンソ了斎は、元・琵琶法師《びわほうし》で、山口でザビエルに洗礼を授けられイエズス会の修道士になった人物です。

こうして見ると、ザビエルが最高権威者と考えていた天皇は、当時、すでにその権威の座を実質的には信長の方に奪われていたと言えましょう。ですから、キリスト教が急速に広がっていった背景として、天下統一がなる前の乱世の時代だったからこそ、それが可能だったということができるでしょう。しかも、最も力をもっていた織田信長という領主が、キリスト教を高く評価していた、ということも幸いしたのです。

✠日本のキリスト教会の苦悩

『天皇とキリシタン禁制』（村山早苗著）という本の中には、「神仏の教えの擁護者である天皇・朝廷はキリシタンを敵対者と位置づけることで自らの立場と権力を明確にしてきた」との論述があり、その歴史的経緯を次のように考察しています。

「キリシタンとはポルトガル語のChristão（キリスト教、キリスト教の、キリスト教徒、キリスト教徒の）を語源とし、天文十八（一五四九）年にザビエルが日本にキリスト教を伝えてから、明治六（一八七三）年に明治政府によってキリシタン禁制高札が撤廃されるまでの、日本におけるカトリック教徒を指す歴史用語である。統一政権によってキリスト教が禁止され、排除されていったことはよく知られているが、最初に宣教師が追放されたのは、天皇の綸旨《りんじ》によるものである事実は、あまり知られていないのではないだろうか。

そして、この天皇とキリスト教との関係の問題は、近代以降にキリスト教が、天皇制国家において、どのように自らを位置づけるかについて苦闘したこととも関わってくるのではないだろうか」（『天皇とキリシタン禁制』はじめに　村山早苗著）

さて、天皇とキリスト教というテーマは、それが歴史上最初に浮上したのは、戦国時代からということは先に述べましたが、実は、日本の歴史の中で、このテーマは現代に至るまで様々な形で絡み合って生き続けているのです。二〇一五年は戦後七十年という節目となり、今から七十年以上前の日本では、このテーマは深刻な問題として、当時のキリスト教会に突きつけられていました。

天皇制国家体制のもと、第二次世界大戦の戦時下で、キリスト教会は苦悩します。生き残るためには、昭和天皇を現人神《あらひとがみ》とする国家体制に逆らうことはできません。治安維持法違反に問われたキリスト教会の牧師の中には、「天皇とキリストはどちらが偉いか」といった難題を吹きかけられたという例もありました。時代は、キリスト教会に厳しい試練を与えたのです。

何としてもキリスト教会を守りたい、そう考えた教会の指導者たちの中には、国家体制に妥協する道を選び取る者も出てきました。その結果、日曜日に行われる教会での礼拝の前に、国家と天皇に忠誠を誓う証しとして、宮城遥拝《きゅうじょうようはい》という儀式を取り入れ、教会によっては神棚を設ける例もあったのです。

天皇とキリスト教――このミスマッチに思えるテーマは、実は、日本が敗戦後、アメリカの占領下に置かれてから事態は意外な展開をします。今では考えられないことですが、天皇がキリスト教に急接近するのです。

✠天皇とキリスト教会

一九四九（昭和二十五）年五月、東京の明治神宮外苑で、「フランシスコ・ザビエル来日四百年記念式典」が、大々的に行われました。主催したのは、当時、日本を占領していたアメリカのＧＨＱ（連合国最高司令官総司令部）です。敗戦国日本をどのように統治していくのか。この課題に、ＧＨＱは、天皇を現人神《あらひとがみ》とする日本の精神的支柱に代えて、キリスト教を日本人の生き方の模範にするという政策を打ち出そうとしていました。

遡《さかのぼ》って、終戦の翌年には、社会事業家でありキリスト教の牧師でもあった賀川豊彦が宮中に参内《さんだい》し、昭和天皇にキリスト教の講義をしています。やがて、皇居内では、皇族を対象とした聖書研究会が開かれました。時の皇后陛下や、昭和天皇の子女たちも毎週のように聖書を学び、賛美歌を歌っていたといいます。また、マッカーサーの要請で、アメリカの聖書配布団体は百万冊以上の新約聖書を日本に持ち込み、敗戦で打ちひしがれていた日本人の多くが、新しい価値観を提供するキリスト教会に参加するようになったのです。（参照・『昭和天皇・七つの謎』加藤康男著）

これによって、日本に一大キリスト教ブームが起こりました。戦後、東京に、プロテスタントの国際基督教《キリスト》大学（ＩＣＵ）とカトリックの聖心女子大学が創立されたのも、そのような時代背景と無関係ではありません。

「私はずっと、クリスチャンは誠実な人柄のもち主であると考えております。道徳、人格が退廃に向かう悲しい傾向に直面する時、クリスチャンがわが国の光となることを切に願うものであります」。

これはＩＣＵ創立総会の折、名誉総裁の高松宮殿下があいさつで述べた言葉ですが、ここに、皇室がキリスト教に対し、当時、どのようなイメージをもっていたかが如実に表れています。精神的支柱を国家神道に求めた日本は敗戦によって、その古い価値観が崩れ去りました。それに代わるものとして、戦勝国アメリカからもたらされたキリスト教の価値観を無視できなかったという事情があったからでしょう。天皇みずからキリスト教に接近していったのです。

最近の出来事ですが、秋篠宮《あきしののみや》家の佳子《かこ》さまが、学習院大学を中退し国際基督教大学に編入するという出来事がありましたが、このニュースも、その背景に皇室とキリスト教との浅からざる関係が見え隠れします。

〝別府事件〟の真相

さて、一九四九(昭和二十四)年六月、終戦後に人間宣言をされた昭和天皇は、九州へ巡幸の旅に出ています。天皇の巡幸は、昭和二十一年二月十九日の神奈川県川崎市を皮切りに、二十九年八月の北海道まで続くことになります。ですから、九州への巡幸は開始から三年目の年にあたります。

先に触れましたが、この年は、ザビエル来日四百年の記念の年でもあり、東京では大々的な記念式典が行われました。六月、昭和天皇は、大分県別府市を訪れます。目的は、戦災孤児を収容し育てていた小百合《さゆり》愛児園を訪ね子供たちを励ますことでした。

この孤児院は、カトリックのサレジオ会が運営する福祉施設で、カトリックの修道院内にある施設です。別府湾を見下ろす高台にあるこの孤児院は、今は大分に場所を移しましたが、修道院の建物は今も別府に残っており、その位置から別府湾を見下ろす時、四百年以上も前の一五五一(天文二十)年十一月十五日、二年三か月の日本での滞在を終えたフランシスコ・ザビエルが、この別府湾からポルトガル船で帰国の途に就いた時の情景が思い浮かび、何ともいえない感慨を覚えるのです。

昭和天皇が、別府の小百合愛児園を訪れた時、その〝事件〟は起こりました。天皇が小百合愛児園を

別府市内の旧小百合愛児園。いまはマザー・テレサが始めた「神の愛の宣教者会」の大分支部となっている。写真：安部陽助氏撮影

訪れたのは、戦災孤児たちを慰問することが目的でした。ところが、子供たちとの交流が終わると、孤児院の園長は、天皇を修道院内にある礼拝堂に招いたのです。サレジオ会の修道院の院長でもある園長にとって、天皇がキリスト教に改宗することは心からの願いであったでしょう。期待を込めて、自然に、礼拝堂に天皇を導いたのは理解できます。ところが、周りのお付きの人々にとって、神道の祭儀を司る天皇がキリスト教に改宗することなどとんでもないことです。あわてて、礼拝堂の祭壇に近づく天皇を押しとどめたのです。この後、修道院院長は、天皇に巡幸の記念にとカトリック教徒が祈祷の時に用いる数珠《じゅず》・ロザリオをプレゼントしています。

この出来事が、翌日の大分の地方紙に掲載され、それは後に〝別府事件〟として注目されることになります。奇しくも、この年はフランシスコ・ザビエル来日四百年にあたり、東京では大々的に記念式典が開かれ、この出来事が起こった場所はまさに、そのザビエルがポルトガル船で日本を離れた別府湾を望む高台にありましたから、これは偶然の出来事でなく、背後に日本をキリスト教化しようとするアメリカの占領軍の陰謀がある、とまで推論する人も出てきました。

陰謀があったのかどうかはともかく、当時、敗戦によって倫理的にも方向性を失った日本に、新しい価値観であるキリスト教を広めたいという願いは、ＧＨＱにも、アメリカのキリスト教会指導者にもありました。占領軍の最高司令官であるマッカーサーは、長老派教会の信徒でもあり、日本のキリスト教化を先頭に立って推進していたという説は信ぴょう性があります。

アメリカから、マッカーサーの要請に応えて、多くの宣教師が来日、聖書配布団体を通して百万冊以上の新約聖書も日本に持ち込まれました。カトリック教会も行動に移し、アメリカの政界にも影響力を与えていたスペルマン枢機卿が来日、天皇陛下と会見した時、キリスト教への改宗を迫ったとも言われています。

一九四六（昭和二十一）年十月、マッカーサーは前年に来日したキリスト教特別代表団のダグラス・ホートンへの手紙に次のように書いています。

「日本においてキリスト教国化への偉大な運動が始まろうとしているように思う。政治、経済、教育の分野は、一も二もなく処理できるが、この問題はそれらと切り離すようとくに慎重にしている。余の認識がまったく誤っていないとすれば、精神大革命が起ころうとしている。そうなれば、教会の歴史上もっとも目ざましい勝利の一つを得ることになるであろう」（『天皇がバイブルを読んだ日』第1部レイ・ムーア編）

皇太子時代の現天皇と家庭教師のバイニング夫人。1949年1月6日の朝日新聞より。

キリスト教受容の動きは、敗戦国日本の政府側にも見られます。東久邇宮《ひがしくにのみや》稔彦《なるひこ》首相は、終戦の八月十五日から二週間後、賀川豊彦をはじめとするキリスト教会指導者およびアメリカ人宣教師数人を首相官邸に招き、こう語っています。

「わが国は、イエス・キリストの教える新しい倫理を必要としている。仏教も神道も、敵を許せとは教えてくれない。（中略）日本が復興するためには、国民生活の基礎にイエス・

キリストが必要である」（『天皇がバイブルを読んだ日』第1部　レイ・ムーア編）

それまで、天皇を権威の頂点として挙国一致を叫び、侵略戦争を続けていた日本が、敗戦となるや、その指導者が手のひらを返すようにキリスト教をもち上げているのです。その背後に、天皇の戦争責任を何とか回避したいという日本政府側の政治的思惑があることを見逃すことはできません。天皇自身、キリスト教への改宗を考えていた、という説もあります。戦争責任を負う形で天皇の座を退き、何とか皇室を存続させたいという思いから、戦勝国アメリカからもたらされたキリスト教への改宗という要請に応えざるを得ない、というところまで天皇は追いつめられていたというのです。

しかし、東京裁判で、天皇の戦争責任は問われることはありませんでした。やがて、二年以上続いた皇居での聖書研究会も終わりを告げますが、皇室とキリスト教との関係は、色々な形でそれ以後も続きます。国際基督教大学設立の折には、天皇の弟君にあたる高松宮殿下が名誉総裁となり、当時の皇太子の家庭教師選びでは、天皇自ら、クリスチャンの教師をと要望、クリスチャンのバイニング夫人が四年間にわたり皇太子の教育にあたっています。終戦後の宮内庁長官・田島道治《みちはる》、侍従長・三谷隆信は共に、内村鑑三門下のクリスチャンであることも不思議と言えば不思議です。この人事の背後に、日本をキリスト教化しようとする陰の力があった、という説が浮上するのも故なきことではありません。

先に、高松宮殿下のクリスチャンに期待を寄せる言葉を紹介しましたが、同じ昭和天皇の弟君である三笠宮殿下の場合、東京大学でオリエント学を専攻、旧約聖書の研究家としても注目されるようになります。そして、紀元節の復活に反対し、神話教育を否定する立場を取るようになります。昭和天皇の三人の弟君・秩父宮、高松宮、三笠宮は、それぞれに植村環牧師についてキリスト教の学習に励み始めていました。

実は、この植村環牧師の講義には、昭和天皇も三回に一回は参加していたと言います。植村牧師は一週間に一回は皇居に入っていましたから、天皇も一か月に一回は出席していたことになります。当時の入江相政《いりまさ》侍従は、その「日記」にその間の事情を書いています。

「今日午後植村環女史が皇后宮に拝謁、全米クリスチャンより献上の特製バイブルを献上する際の写真をいただき度、その為にサンのカメラマンが来るなどの事があり、ゴタゴタする。午後二時半植村女史、皇后宮に拝謁、バイブルを奉呈、相当長時間復命する。四時より両陛下出御、同女史にお茶を賜り色々お話をおきき遊ばす。予も陪席（一九四六年四月二十一日）」

「夕方飯を炊いて呉竹寮へ行き夕食。六時半より七時半迄、植村環女史の進講陪聴。どれ程に宗教性を帯びているかを吟味するためである。大したこともないし偉い人ではあるのだろうが、やはりクリスチャンの臭味が相当に強い。我々としてはもっと倫理的な範囲に止めておくべきだと思ふが、それは無理な注文なのかもしれない。併《しか》し少なくとも清宮《すがのみや》様にお聞かせすることは疑問だと思ふ（一九四八年六月二十九日）」（『天皇のロザリオ』上 第七章　鬼塚英昭著）

ここに清宮《すがのみや》の名が出てきますが、第五皇女の貴子様のことで、「おスタちゃん」の愛称でマスコミにも登場、皇室の中で一番キリスト教に関心を示されていたとも言われています。

このように、終戦から三年間というもの、皇室とキリスト教は急接近しましたが、特に、今上《きんじょう》天皇の弟君である常陸宮《ひたちのみや》殿下は、宮中で、主の祈りを唱え、キリストへの信仰を周辺の人々にも表明されたため、一時、宮中で大問題となったという説も有力です。

また、美智子妃殿下は、カトリックの聖心女子大学を卒業、家庭がクリスチャンホームであったことから、皇太子妃としての身分が問われましたが、「洗礼を受けていないなら問題ない」との岸信介首相の提言で成婚へと導かれています。しかし、皇室に入ってから、持参した聖書をはく奪されるなど様々な障害が待っていたとも言われています。一九四八年十一月、東京裁判が結審、天皇の戦争責任が問われる心配がなくなるに伴い、皇室はキリスト教との距離を置くようになり、それは美智子妃殿下への圧力として表れてきたとも考えられます。

しかし、『天皇のロザリオ』の著者・鬼塚英昭氏は、今上天皇と美智子妃殿下は、今も、キリスト教への思いを強くもっておられるという結論を、様々な資料を駆使して下しています。

✠身近で接した昭和天皇

さて、舞台をもう一度、大分県別府に戻してみたいと思います。実は、この地は、筆者の故郷であり、一九四九年六月、小百合愛児園で〝別府事件〟が起こった時、まさに、その場所の近くに小学四年生の筆者もいたのです。小百合愛児園は、別府の東側、浜脇の港から徒歩十分ほどの浦田という地区の坂をあがった山の中腹にあります。坂道は天皇が来られるということで、突貫工事でアスファルトの舗装が施されたのですが、一か月後には、強い雨が降ったため元の泥道に戻ってしまっていたのを今も思い出します。

当時、筆者の家は、愛児園に向かう坂の途中にありましたから、天皇御一行が来られた時は自宅の前の坂を通られたので、日の丸の小旗を持たされた筆者は自宅前の至近距離で、昭和天皇に夢中で小旗を振った記憶があります。もちろん、〝別府事件〟のことは成人してから、その真相を知ることとなるのですが、昭和天皇が案内された修道院の礼拝堂には、子供の頃に入った記憶があり、覚えていた「おみどう」という言葉が礼拝堂を表す「お御堂」であることも後で知りました。

食糧不足の頃で、子供たちはいつもひもじい思いをしていました。修道院に遊びに行くごとに、シスターたちが出してくれたクッキーやチョコレートは、当時の、飢えていたハナタレ小僧たちには夢のような御馳走《ごちそう》でした。天皇にロザリオをプレゼントした修道院の院長にも会ったことがあります。筆者自身がクリスチャンになって分かったことですが、あの時、院長は、天皇にキリストを信じていただきたいという切なる祈りを込めてロザリオを贈ったにちがいない、と今になって思うのです。それは、修道院院長も、あのフランシスコ・ザビエルと同じように「一人でも多くの日本人にキリストの福音を伝えたい」という燃えるような思いをもって日本に来た宣教師の一人だったからです。

ところで、〝別府事件〟のことを知ったのは、一九四九年六月、昭和天皇が巡幸先の一つに別府を選ばれ小百合愛児園を訪問された現場にいた当時小学六年生の男の子が後にまとめた、『天皇のロザリオ』という書物によってでした。驚いたことに、この本の著者である鬼塚英昭氏は、筆者の二年先輩で、当時、蓮田小学校の六年生で天皇をお迎えする列に彼もいたのです。『天皇のロザリオ』は、膨大な資料を基に、キリスト教が日本に与えた影響を歴史的にたどりながらキリスト教に批判的立場で評論しています。〝別府事件〟も、アメリカ占領軍の日本をキリスト教化する策謀の一つとして捉えていますが、いずれにせよ、宗教という視点で日本の戦後史を見つめ直している点でこの本は異色です。

『天皇のロザリオ』は、昭和天皇とキリスト教とのかかわりだけでなく、クリスチャンのアメリカ人女性が家庭教師だった今上天皇とカトリックの家に生まれた美智子妃殿下のキリスト教との関係にも様々な情報を明らかにして、日本の秘史ともいうべき分野に鋭く迫っています。今上天皇が皇太子時代、避暑地の軽井沢で、美智子妃殿下と共に、プロテスタント教会の牧師と親しく交友を続けていた事実なども具体的に紹介されており、皇室には今なおキリスト教の影響が根強く残っているというのが鬼塚英昭氏の結論です。

✠皇太子夫妻との出会い

今上天皇が皇太子時代、美智子妃殿下と共に、夏の間は避暑に軽井沢を訪れることが恒例となっていました。軽井沢プリンスホテルが滞在先で、この期間、ホテルは貸し切り状態で一般客は泊まることはできません。ところが、軽井沢に滞在中の皇太子夫妻に、毎年、家族共々、会っていた人々がいたのです。今は亡き、田中政男氏と滝元明氏の両牧師とその家族のみなさんです。この事実は、キリスト教会の一部の人々にしか知られていませんでしたが、二〇〇六年に『天皇のロザリオ上・下』が出版され、著者の鬼塚英昭氏がそのいきさつを詳細に紹介したため、驚きをもって一般にも知られるようになったのです。

「私はクリスチャンではない。しかし、『キリストの福音』という四頁の週報を送っていただいているので必ず読んでいる。私のキリスト教の知識の半分はこの週報によっているのかもしれない。

一九九八年二月十七日の夜七時三十分から、日本リバイバルミッションの田中政男先生による講演があるから出席しませんか、という招待を受けた。しかし、私は出席したかったがしなかった。私は、キリスト教徒にはならないと固く決心しているからである。……それでも、この『田中先生の話』には興味があった。なぜか。以下の『キリストの福音』に書かれていることが、私にとって衝撃的な内容であったからだ」(『天皇のロザリオ』下 第12章 鬼塚英昭著)

続けて、鬼塚氏は、〈キリストの福音〉を送ってくれていた釘宮義人牧師の話として、次のような驚くべき事実を紹介しています。

「ある時、隣の祈り仲間が先生(田中政男牧師)の祈りを聞いて呆《あき》れていいました。『あんた、誇大妄想狂じゃないかい。そんなことを祈ったって、聞かれるはずがないよ』。その祈りはこんな祈りです。『おお、イエス様、私を用いて下さい。天皇陛下にお目にかからせてください。伝道させてください』。これが実は実現したんです。現天皇陛下がまだ皇太子の時でした。軽井沢の駐車場でした。皇太子と美智子妃殿下が車のところにいらっしゃるのです。『今だ!』、先生はポケットにあった伝道の書籍を持って行きました。『妃殿下、この本をお読みください』。『頂いてもよろしいのですか』。『はい、どうぞ』。先生は夢を見るようだったでしょう。その後、妃殿下から電話がありました。招かれたのです。最近もこんなことを先生は言っています。『今年の八月も軽井沢で天皇、皇后様に招かれ、お会いしました。何とこれまでに十五回もお会いし、イエス様の信仰を伝え、共に祈ることができました。私にとっては天皇、皇后様は雲の上の人です』」（同右）

この文章には出てきませんが、皇太子夫妻との出会いのきっかけを作ったのは田中政男牧師で、以降の、皇太子夫妻との会見には、滝元明牧師とその家族も加わり、長年にわたって親しい交わりがあったことは、筆者も滝元牧師から聞いています。田中牧師が美智子妃殿下に贈ったのは『百円玉に誘われて』という自叙伝ですが、滝元牧師の書いた『われ土方なれど』（以上、いのちのことば社）に対しても妃殿下が大きな感動を受けたと感想を述べられたということです。今上天皇が皇太子時代、韓国を訪問される時には、韓国のキリスト教会とも関係があった滝元牧師に韓国事情をくわしくお聞きになっています。

鬼塚氏は、このような、プロテスタント教会の牧師との交わりの事実を見ても、皇室とキリスト教が密接な関係にあり、特に、美智子妃殿下が信じる神はキリスト教の神であると、キリスト教批判の立場で警鐘を鳴らしています。

ただ、この問題は心の問題だけに、結論を急ぐことはできません。しかし、洗礼は受けていなくても、カトリックの家庭に生まれ聖心女子大というミッションスクールを出られた妃殿下にとって、神道の祭儀を司る立場におありになっていたとしても、その心の奥底では、「わたしが道であり、真理であり、いのちなのです」と言われたお方への信頼をもち続けておられることは、むしろ自然な心の在り様にも思えるのです。

天皇という存在

筆者は一九四〇（昭和十五）年七月二十四日に、当時、日本軍が侵攻していた中華民国の上海市で生まれました。ちょうどこの頃、上海から遠く東欧のリトアニアの首都カウナスでは、日本領事館員の杉原千畝《ちうね》が、不眠不休でユダヤ避難民を助けるため、命のビザを発給していました。その時、日本の通過ビザを得たユダヤ避難民の一部はシベリヤ鉄道でウラジオストクへ行き、そこから福井県敦賀《つるが》港経由で上海に到着、終戦までの間、上海にあったユダヤ人収容施設で過ごしていたという記録もあります。前年には、ドイツのポーランド侵攻からヨーロッパでは第二次世界大戦が勃発、国際都市・上海では、侵攻して来た日本軍への抵抗活動が盛んに起こっていました。筆者の父親が護身用の拳銃を所持していたためスパイ容疑で逮捕されたのもその頃でした。

ある日、母親と映画に行く途中で、目的の映画館への道が事故で遮断されました。やむなく、別の映画館に行ったのですが、その日、初めに行くはずの映画館で爆発が起こり多くの犠牲者が出たのです。そういえば、当時、映画館に行くと観客は必ず客席の下を点検することが義務づけられていました。時限爆弾が椅子の下に仕掛けられていないかを点検するためです。

それまではイギリスやフランスの支配を受けていた上海ですが、日本が侵攻するや、現地に十万人以上の日本人が居留する租界（治外法権などが認められた外国人居留地）が出現。国家神道の出先機関とも言える上海神社が祭られ、神社参拝が義務づけられたのもこの頃で、現地にあった日本人キリスト教会では、次々と牧師が逮捕、投獄されるという事態が起こってきます。

筆者の生まれた昭和十五年は、紀元二千六百年にあたります。日本の本土だけでなく、侵攻していた上海など租界地でも大々的に祝典が開かれたことが記録に残っています。日本の紀元は神武天皇から数えてそうなるのですが、もちろん、歴史的根拠のない神話を基にした日本の歴史です。アメリカと戦う日本にとって、キリストが紀元の西洋暦はタブーでした。当時、天皇を現人神《あらひとがみ》として、最高君主として国家体制を作り上げていた日本です。その歴史教育も道徳教育も天皇中心でした。

著者は、上海に五歳の時までしかいませんでしたので国民学校にも入っていません。それでも、誰が教えてくれたのか、私の記憶の中に、歴代天皇の名前が十代目までインプットされているのです。ジンム、スイゼイ、アンネイ、イトク、コウショウ、コウアン、コウレイ、コウゲン、カイカ、スジン……。その漢字は分からないながら、発音でちゃんと覚えているのです。四歳か五歳の子供に、決して忘れることのない名前として歴代天皇の名が記憶に刻まれている——軍国主義教育は幼児をも洗脳していたのでしょうか。当時五歳の筆者の記念写真は、全部が海軍や陸軍の軍服を着て写っています。

一九四九年六月、前にも紹介したように、大分県別府市にある小百合愛児園に慰問に来られた昭和天皇の姿を筆者はすぐ近くで見ることができました。三メートルくらい先に帽子を挙げて挨拶される天皇の姿がありました。もちろん、田舎の小学生にとって、天皇は、見たら目がつぶれるような存在ではありません。子供同士では、訳も分からず「天ちゃん」と呼んでもいました。しかし、その五年位前まであった「大日本帝国」では、多くの青年が、「天皇陛下に命を捧げる」「天皇陛下万歳」と叫んで、その命を犠牲にしていったのです。戦時下では、日本人の心の拠り所は天皇以外になかったということは驚くべきことです。

ですから、敗戦によって、天皇が人間宣言をした時、日本人の心の支柱は音をたてて崩れ去りました。日本を導く精神はどこにあるのか？　そんな混沌とした敗戦後の日本に、新しい日本の精神的支柱としてキリスト教が出てきたのは自然のなりゆきとも言えましょう。なにせ、戦勝国アメリカの精神はキリスト教にあったわけですから。では天皇制はどうなったのでしょうか？

象徴としての天皇

日本の歴史を紐解《ひも》く時、そこに、他の国の歴史には見られない特色があります。それが天皇制と言えるかも知れません。悠久の歴史をもつ中国にしても韓国にしても、インドにしても、アジアの国々では王朝時代が長く続きましたが、今は見る影もありません。しかし、日本は違います。戦後民主主義の時代になった今も、天皇制は存続しています。しかも、憲法に「国民統合の象徴としての天皇」と明記されているのです。

先に触れたように、戦時下のキリスト教会は、天皇を精神世界の頂点とした国体にはなじまない宗教として弾圧されました。特に、再臨《さいりん》信仰を強調したホーリネス教会は多くの牧師が投獄され、獄死した牧師もいました。戦後二十年以上経った頃、そのホーリネス教会に属し、戦時中苦難の道を歩んだ老牧師と天皇制について語り合ったことがあります。その時、天皇制反対の意見を述べた筆者に対し、「天皇を侮辱するとは何事か」とお叱りを受けたのです。意外でした。キリスト者であっても、一部かも知れませんが天皇に対し畏敬の念をもっている現実は厳としてあるのです。そして、新しい世代になり、歴史的教訓として天皇制に反対する立場の人も、憲法にある「国民統合の象徴としての天皇」というあり方には、内心は分かりませんが公には反対を唱えません。かくいう筆者も、「象徴天皇」という問題をあえて避けてきたように思います。

「象徴とは何か、象徴としての天皇とは何か……。この問いにたいして、だれをも納得させるだけの明確な答えは、どこにもない。憲法が制定された昭和二十一年にも、はじめて象徴の冠をいただいた昭和天皇が亡くなり、新しい象徴天皇の即位の大嘗《だいじょう》祭が迫りつつある平成二年にも、象徴という冠は依然として曖昧で、どこか〝神秘モーローたる妖気〟を孕《はら》みながら、天皇の頭のうえに載っかっている。象徴としての天皇は、すくなくとも現人神《あらひとがみ》ではない、そして、ただの人間でもない。象徴はあたかも、人間と現人神のあいだを頼りなげに往還する天皇にあたえられた、一枚の通行許可証書とでも呼ぶほかない奇妙なものだ」（『象徴天皇という物語』序章　赤坂憲雄著）

戦後七十年、改めて戦後史を紐《ひも》解く時、天皇とキリスト教というテーマが、立ち現れてきました。終戦後、日本の歩むべき道には、幾つもの選択肢がありました。天皇が戦争責任を取って退位、皇室は存続する。天皇の戦争責任は問わないがキリスト教に改宗する。国家神道を解体、信仰の自由は個人の問題とする、などなど。

今回、戦後史を検証する中で出てきた、天皇がキリスト教に改宗するといった、今では到底信じられないような事項が、終戦直後には水面下で議論されていたことは事実でしょう。

一九四六（昭和二十一）年一月十六日、昭和天皇はアメリカの「ライフ」誌のインタビューの中で、「陛下は基督教を御研究になりつつありとの事、右は事実なりや。もし、事実なりせば、陛下は信者になる御考えありや」との質問に対し次のように答えています。

「深き研究は致して居らぬも、キリストの精神は常識的に知っているし、かつて欧州旅行のさい、ローマ法王を表敬訪問したこともある。将来キリスト教を信じるや否やは微妙な問題であるから答えられ

ない」（『天皇のロザリオ・上』第6章　鬼塚英昭著）

まさに、天皇がどのような宗教に帰依《きえ》するかは微妙な問題であり、それは、「国民統合の象徴としての天皇」という憲法の微妙な表現の中にも表れています。天皇は神道の祭儀を司る祭司の役目があると言われます。しかし、天皇と神道が強く結びついたのは明治以降で、幕末以前は、むしろ仏教に近かったと言われています。昭和天皇の作られた和歌の中に、「御仏《みほとけ》の……」という言葉が出てきて驚いたことがあります。

いずれにしても、天皇の権威は、特に江戸期以降には政治的権威というより、宗教的権威にその存在意味があったのではと思われます。先の大戦で犠牲になった人々を鎮魂し、東日本大震災の被災地を訪れ犠牲者のために祈りを捧げる――そのような今上天皇と美智子妃殿下の姿がテレビで紹介されます。一般の人々がその姿に心打たれるのは、象徴天皇として「国民のために祈る」使命に徹しておられることにあるのかも知れません。もちろん、クリスチャンにとっては、天皇の信仰的立場が問題となるでしょう。神道の祭儀を行う天皇が国民のために祈る、と言うとき、その祈りはどのような宗教の信義によるものかが問題となるでしょう。象徴天皇が特定の宗教の立場で祈りを捧げることに問題を感じる人々がいてもおかしくはありません。

「ザビエルの道」から遠望できる別府湾。ここに南蛮船が浮かんでいたのだろう。写真：ツーリズムおおいた

統帥《すい》権をもっていた天皇には戦争責任がある、とは戦勝国アメリカの指導者の大勢を占める見解でした。しかし、結果として、天皇の戦争責任は問われなかったのです。一九四六年一月四日付のジョージ・アチソンからトルーマン大統領宛ての書簡の中に次のような言葉があります。アチソンはマッカーサーの政治顧問として来日していました。

「決断すべき二つの方法がある。第一の考えは、私は実行可能ならば、天皇を戦争犯罪人として裁くべきであると考える。たぶん、連合国の一部もそのように主張するだろう。しかし、いくつかの事情から考えて、第二の、より慎重な政策が現時点で取るべき最善の道であるように思える。こういう状況のなかで、われわれは日本を統治し、諸改革を実行するため、引き続き日本政府を利用しなければならず、したがって天皇が最も有用であることは疑問の余地がない。官吏や一般国民は天皇に服従している」(『天皇のロザリオ・上』第6章　鬼塚英昭著)

ここに出てくる表現で、天皇を政治的に利用するといった内容は戦勝国としてのおごりを感じますが、いずれにしても、日本の再建には天皇制を存続することが得策であるという本音が見え隠れします。

幻の〝別府事件〟

〝別府事件〟について話を戻します。一九四九(昭和二十四)年六月に、別府市にある小百合愛児園で、昭和天皇が礼拝堂でキリストの祭壇に近づこうとした。あわてた側近が、天皇に声をかけ、それを止めることができた――これが〝事件〟の内容です。『天皇のロザリオ』の著者・鬼塚英昭氏は、小百合愛児園での出来事を〝別府事件〟として公表しました。その彼が天皇をキリスト教へ改宗させるというアメリカの策謀は、これで失敗したと推論します。この年は、フランシスコ・ザビエル没後四百年という記念の年にあたり、同じ時期に記念行事が東京を初め全国で行われました。そして、小百合愛児園で天皇がキリスト教に改宗する、という瞬間こそマッカーサーを初めキリスト教指導者が期待していたこの策謀のクライマックスだったと鬼塚氏は断言します。しかし、そのクライマックスは訪れませんでした。その意味で、幻の〝別府事件〟でもあったのです。

今年の三月、郷里・別府を訪れた筆者は、小百合愛児園があった高台から、夕日に輝く別府湾を遠望しながら、四百五十年以上前に、この湾からポルトガル船で帰国したザビエルを想い、六十年前に起こった〝別府事件〟について思い巡らしていました。

戦後七十年――天皇とキリスト教というテーマは、キリスト教会にとって避けて通れない課題となっています。

第二章

キリシタン大名
・
その挫折と再生の物語

✠唯一の神を知った宗麟

（村上直次郎訳「イエズス会士日本通信」に出てくる大友宗麟《そうりん》の追憶談）

「私が十六歳で父義鑑《よしあき》と府内（大分：編集部注）の町の館《やかた》に居た時、キリシタンになりたいと考えたことがある。その頃、府内に近い港に、中国人の小ジャンク船一隻が入港した。船には六、七人のポルトガル商人が同乗していた。ポルトガル人の中で重立った人は、ジョルジ・デ・ファアリアという金持ちであった。ジャンク船の中国人航海士は異教徒であったが、父義鑑にむかって、労することなしによい獲物を得ようとするなら、かのポルトガル人を殺せと命じなさい（中略）と説得した。

私の父は、欲心に動かされて中国人のすすめる謀《はかりごと》を実行しようとしたが、それを聞いて私は父のもとに出向き、つまらぬ欲に動かされて理由もないのに罪のない外国人を殺すべきではありません。彼等は父上の庇護《ひご》を頼りに遠い国からやって来て、領内で貿易をおこなおうとしている者たちです。私はこのような道理のないことには同意できないし、むしろ彼等を保護してこそ然《しか》るべきです、と諌《いさ》めた。このため、ポルトガル人に対する悪事の計画は実行できずに終った」（『バテレンと宗麟の時代』加藤知弘著）

一五五一（天文二十）年九月の中頃、ザビエルは山口から海路で府内の沖の浜港に着きました。当時二十一歳の豊後の領主・大友義鎮《よししげ》（一五六二年から「宗麟」を名乗るが、本書では「宗麟」に統一）は、

キリスト教宣教師の姿を描いた『南蛮屏風』（一部）。街を歩く姿（下）や、祭壇を設けた部屋の情景（上）も描かれている。国立歴史民俗博物館所蔵

どのような思いでザビエルを迎えたのでしょうか。記録によると、ザビエルが別府湾の沖の浜港に着いた時、ポルトガルの船からは祝砲が鳴らされたといいますから、イエズス会宣教師を迎える宗麟の気持ちの高ぶりは尋常ではなかったはずです。

しかし、追憶談にもあるように、意外にも、宗麟にとって、ザビエルが最初に出会った南蛮人ではなかったのです。

一五四五（天文十四）年、宗麟十六歳の頃、別府湾に入港した船でやって来たポルトガル人の商人に会っていたのです。しかし、その船はポルトガルの船ではなく、中国人の帆船でした。そして、追憶談には、策謀によって殺されそうになったポルトガル人を宗麟が助けた次第が記されています。そのポルトガル人の金持ちが

カトリック教徒でした。若き宗麟《そうりん》は、そのポルトガル人の人格に触れたのでしょう。自分もキリシタンになりたい、と思ったというのです。これが、ザビエルに会う五年前の出来事です。もう一つ、宗麟はその追憶談で、別のポルトガル人との出会いにも触れています。

「その後、当地（府内）へディオゴ・ヴァス・デ・アラゴンという一人のポルトガル人が渡来した。彼は当地に五年いて、ほどほどに分かる程度に（日本語も）話せるようになった。この男は絶えず、朝は書物によって祈るか、あるいは夕刻コンタツ（数珠《じゅず》：編集部注）で（祈りを）唱えていた。私が彼に、貴方は、日本の神や仏に祈っているのではないのかと訊ねると、彼はその問いに笑い、自分は天地の創造主と、世の救い主以外に礼拝はせぬ、と答えた」（『バテレンと宗麟の時代』加藤知弘著）

このような記述を見ると、ザビエル渡来以前に、すでに宗麟は日本の神々ではなく、天地を創造した唯一の神がいることを知っていたことになります。山口にザビエルがいることを知った時、宗麟は、高名な伴天連《ばてれん》であるザビエルを府内（大分）に招きたいと思ったのでしょう。

駆け足人物伝

大友宗麟《そうりん》（一五三〇〜一五八七）

豊後国（大分県）の戦国武将。名は義鎮《よししげ》。一五五〇（天文十九）年、父・義鑑《よしあき》より家督を受け継ぐ。翌一五五一（天文二十）年、日本にキリスト教を伝えたイエズス会宣教師フランシスコ・ザビエルに出会い、以後、豊後におけるキリスト教布教を保護するも、自らは禅宗に帰依《きえ》、一五六二（永禄五）年に宗麟を号す。一五五九（永禄二）年、九州六か国の守護職を手当時、府内と山口は、政治的にも密接な関係がありました。一五五一（天文二十）年、ザビエルを温かく迎えたあの大内義隆が家臣・陶隆房《すえたかふさ》の下剋上《げこくじょう》のため自刃します。当主を失った大内家には、翌年、大友宗麟の弟・晴英《はるふさ》が海を渡って山口に入り、義隆亡き後の大内家家督を継承します。その後、義長と改名。周防灘《すおうなだ》を挟んで大分と山口に、大友宗麟と大内義長の兄弟戦国大名が並立する時代が始まりました。ですから、ザビエルの名声を知っていた宗麟は、府内にお越し願いたいとの招請状を山口に送ることができたのです。

もっともザビエルの方は、府内に行こうと思った一番の目的は、府内に寄港したポルトガル船に自分宛ての手紙があるに違いないとの期待からでした。

残念ながら手紙は一通も来ていませんでした。ザビエルは来日して以来、二年以上も、インドのゴアにあったイエズス会本部とは音信不通となっていたのです。しかし、その後の日本のキリシタンの歴史を大きく変えるような出会いが待っていました。フランシスコ・ザビエルと大友

中に収め大友氏全盛期を現出。一五七八（天正六）年、キリスト教に改宗し洗礼を受けフランシスコを名乗る。同年、薩摩《さつま》島津氏と戦って敗戦。これにより家中でキリシタン派と反キリシタン派が抗争、大友家衰退の端緒となる。一五八二（天正九）年、有馬、大村両氏と共に天正遣欧少年使節をローマに送る。一五八七（天正十五）年、島津勢が豊後に侵攻すると、豊臣秀吉に救援を要請、翌年の秀吉の九州平定を招いた。一五八七年五月、津久見にて病死。

宗麟《そうりん》との劇的な出会いです。

✠歓迎を受けたザビエル

一五五一（天文二十）年九月六日、ザビエル一行が沖の浜に到着したとの報を聞いた大友宗麟は、府内（大分）の自らの館に招待します。ちなみに、当時の、大友館《おおともやかた》は現在の大分市東元町辺りにあり、その遺跡調査が今も続けられています。大分県では文化遺産として、その遺跡に大友館の復元計画を進めています。

ザビエルたちは、沖の浜港から小舟に分乗して府内の町に向かいました。「イエズス会士日本通信」によりますと、ザビエルとその同伴者、ポルトガル船のガマ船長や士官、それに商人たちと召使いたちは、華々しい飾りのついた小舟で大分川川岸にある船着き場に到着、そこから行列を組んで進んだとあります。船着き場まで一行を出迎えた沖の浜船奉行が部下を率いて先頭に立ち、見物に来た大勢の民衆の間を通って一行は大友館に向かったのです。

大友宗麟は、最高の礼儀をもってザビエルを迎えました。ザビエルが腰を下ろすとき、ポルトガル人たちは身にまとっていた高価なマントを畳の上に惜しげもなく広げて、大友家の家臣に強い印象を与えたと言います。当時、大友宗麟は二十一歳、ザビエルは四十五歳でした。
ます。

このザビエルと宗麟の初対面の状況は、後にヨーロッパの著名な画家が、劇的な場面として描いています。

一六四一年、フランドル派のヴァン・ダイクが描いた「大友宗麟とフランシスコ・ザビエル」がそれです。現在、ドイツのポンマースフェルデンのヴァイセンシュタイン城に所蔵されているこの絵は、豊後の王にザビエルが跪《ひざまづ》いて謁見《えっけん》する姿が描かれています。

ただ、描かれている宗麟は和服ではなく、ヨーロッパの王侯風の衣装を着ており、おそらく、当時は日本の習俗に関する情報も乏しく、ヴァン・ダイクも想像力を駆使して描いたのでしょう。とはいえ、この絵の存在そのものが、ヨーロッパでは、キリスト教を庇護し自らキリシタンとなった大友宗麟のキリシタン大名としての名声が高かったことを証明しています。

ザビエルにとって、この若き「豊後の王」（イエズス会宣教師報告での宗麟の別称）はどのような存在だったのでしょうか。その書簡の中で、こう書いています。

「豊後の領主はポルトガル人とたいへん仲のよい友人であり、勇敢な武将たちを抱え、広い領地（豊後、筑後、肥後、筑前南部）を支配しておられます。彼はポルトガル王の偉大なことをよくご存じで、国王と親善を結ぶため、書簡を書き、友愛のしるしとして武具一揃いを持たせ、インド副王に親愛の情を捧げるために家臣を派遣されました。（この使節は）私とともに〔インドへ〕来て、インド副王から歓待を受け、大きな名誉を与えられました」（『聖フランシスコ・ザビエル全書簡3』書簡第96　河野純徳訳）

この書簡の内容を少し説明します。一五五一（天文二十）年九月、豊後を訪れたザビエルは、府内（大分）に二か月滞在して、山口には帰らず、そのまま、別府湾からポルトガル船でインドのゴアへ帰国しています。その時、大友宗麟《そうりん》の要請で、宗麟の部下の一人をインド副王への使節として同行させたのです。インド副王とは、当時、インドを植民地化していたポルトガルから派遣された役人のトップで、インドのゴアにあったイエズス会とは深いつながりをもった人物です。

宗麟は、ザビエルの説くキリスト教の教えに深く共鳴します。すでに、ザビエルの前に府内に来たポルトガル人のカトリック教徒から、その教えについては概略を知らされてはいましたが、ザビエルから聞いた、創造主であるデウスと人類の救い主であるイエス・キリストの物語は、宗麟の心を打ったにちがいありません。しかし、宗麟は、ザビエルが府内に滞在した二か月の間に、その信仰を告白して洗礼を受けることはありませんでした。

宗麟が躊躇した理由はいろいろあったようですが、彼を取り巻く当時の政治的状況が最も大きかったと考えられます。もし、彼がキリスト教に入信するなら、多くの有力な彼の家臣が反旗を翻す可能性が

アンソニー・ヴァン・ダイク「豊後大名大友宗麟に拝謁するフランシスコ・ザビエル」シェーンボルン伯爵コレクション

ありました。

前の年には、「二階崩れの変」で、父・義鑑《よしあき》が重臣たちの手で殺され、豊後国中が騒乱状態になり、有力武将たちの支援で宗麟《そうりん》はやっと事変を鎮圧したばかりでした。ですから、彼の国王としての地位は非常に不安定なものでした。

しかし、ザビエルの真実な姿に触れた宗麟は、彼に府内（大分）でキリスト教を布教する許可を与え、滞在中の宿舎として、ポルトガル船の停泊している沖の浜の住人に家を提供させています。その家を提供した人物は、家族ともどもザビエルの教えを聞いてキリスト教に改宗、その間の事情は、ルイス・フロイスのローマのイエズス会総長宛ての書簡に出てきます。

ザビエル、ゴアへ帰国

二か月間の府内滞在の後、ザビエルは、一五五一（天文二十）年十一月十五日、別府湾からポルトガル船に乗って、一路インドのゴアを目指しました。宗麟は、別れを惜しみながら、自らの部下をザビエルに同行させるという行動に出ます。その部下はいわば、日本からヨーロッパに派遣された視察団の第一号と言えるかも知れません。後に、この武将は、インドのゴアで、キリシタンとなり、豊後に帰国しています。その武将については、宗麟がその追憶談に書いています。

「シナから日本に来る船の航海が始まった時、一人のポルトガル人が三年間私のところに滞在した。彼は、（後に）山口の領主となった私の弟（八郎晴英《はるふさ》、後の大内義長）が鉄砲で（誤って）手に負傷した時、治療してくれた人である。私は自分の心の中をうち明けずに、彼にポルトガルやインドの状況や政治について、また、特にキリスト教修道者の規則や行状についてあれこれ尋ねてみた。その後、このポルトガル人が話したことが事実なのかどうかを確かめるため、二十六年前〈中略〉ザビエル乗船の船がインドに向かって出帆した時）当時はまだ仏教徒であった家臣をインドに派遣した。この家臣は（改宗して）キリシタンになって帰国したが、同地での彼の見聞談は、かのポルトガル人の話がまだ控え目のものであったことを明白にしてくれた（一五七七年六月五日付臼杵発フロイス書簡、村上直次郎訳『イエズス会士日本通信』、岡本良知『十六世紀の日欧交通史の研究』など所載の訳文を現代文に改め）」（『バテレンと宗麟の時代』加藤知弘著）

ではなぜ、ザビエルは山口に帰らずに、そのままポルトガル船に乗って帰国してしまったのでしょうか。これは大いなる謎です。

ザビエル自身がその書簡で、その理由を書いていますが、第一に、インドのイエズス会からの手紙が来ていることを期待して府内にやって来たが手紙は届いておらず、二年間というもの、インドのイエズス会の情報が全く分からなかったことを挙げています。それというのも、ザビエルは、イエズス会の東洋の宣教地の責任者であり、日本に来る前にインドのゴアのイエズス会で起こった厄介な問題がどう解決したか、どうしても知りたかった、という事情があったようです。さらに、日本宣教を本格的に進めるには新しい宣教師が必要であり、その人材をインドで採用する必要があったことも理由の一つとしています。

また、ザビエルがインドに帰国後、中国大陸を目指して船出したことから、日本に文化的に大きな影響を与えた中国にわたり、そこでの情報を日本宣教に生かしたいと考えていた、という説もあります。

さて、ザビエルは、山口を日本宣教の中心に考えていたらしく、その山口には、トーレス神父とフェルナンデス修道士が活動を続けていたことから、二人に働きを任せる決断もしたのでしょう。事実、この二人のイエズス会宣教師は、その後、長期間にわたり、日本に滞在して、山口、長崎、豊後（大分県）で大きな働きをすることになります。

大分の文化遺産・大友宗麟

駆け足人物伝

高山右近（一五五二〜一六一五）

一五五二（天文二十一）年、高山飛騨守の長男として摂津《せっつ》高山に生まれる。六四（永禄七）年に受洗。七三（元亀四）年、高槻《たかつき》城主になる。同地に教会を建設したほか、京都南蛮寺建立に貢献。主君・荒木村重が織田信長に謀反、臣下の右近は苦境に立たされるも難を逃れ、八二（天正九）年、本能寺の変では明智光秀討伐に加わる。その後、山崎の戦いなど数多くの戦国時代、日本には、二百以上の国が群雄割拠していましたが、その三分の一近くの領主がキリシタン大名だった、という驚くべき事実があります。その中でも、海外にまでその名が知られた大名といえば、大友宗麟《そうりん》と高山右近の名が挙げられます。ルイス・フロイスが四百年以上も前にまとめた『日本史』の中では、圧倒的に大友宗麟に関する記述が多く、十二巻の中の三巻が大友宗麟に関する情報です。それに比べると、高山右近に関する記述は一巻分にもなりません。それは、フロイス自身が大友宗麟が支配していた豊後に滞在していたからでしょう。日本で最も多くのキリシタンがいたこの地方の物語が、克明に記されているのです。

現代に時代を引き寄せてみると、この戦国時代のキリシタンの物語を、様々な形で現代に甦《よみがえ》らせているのが大分県の観光事業と言えるかも知れません。JR大分駅前では十字架を胸に下げた大友宗麟の巨大な銅像に出会いますし、かつての大友家の屋敷跡は発掘調査が進んでおり、近く戦国時代の大友館《おおともやかた》が復元される計画もあるようです。最近、大分銀行の中に宗麟館が開店したのも話題ですし、殉教の地で、今は人気の温泉地

戦で武功をあげた。八五（天正十三）年、秀吉の出した伴天連《ばてれん》追放令に先立ち、キリシタン故に追放の身となり、加賀藩前田利家《としいえ》の家臣となる。金沢では、宣教師を招き伝道活動を続ける。大坂、京都で積極的に伝道活動をするが、九七（慶長二）年、秀吉の命により、二十六人のキリシタンが長崎で殉教。

一六一四（慶長十九）年、徳川秀忠がキリシタン禁教令を出し、右近はマニラへ追放される。翌年、死去。享年六十三歳。

として知られる湯布院《ゆふいん》に大友宗麟館を開設するという話もありました。

また、大村純忠や黒田官兵衛などのキリシタン大名の墓はいずれもゆかりの仏教寺院にありますが、宗麟《そうりん》の墓は、津久見の響流山長泉寺《きょうりゅうざんちょうせん》にあるものとは別に、一九七七（昭和五十二）年に、当時の上田保市長がカトリック教徒であることから、大友宗麟の墓として十字架が刻まれた石棺を新たに建設しています。

日本では、ザビエル来日以来、多くのイエズス会の宣教師が、畿内（関西地方）、山口、豊後、長崎などで活動、一六〇〇（慶長五）年頃には、日本の人口千六百万人に対し、七十五万人ものキリシタンがいたと言われています。これは人口の五パーセント近くの数字で、それ以後、日本でのキリスト教の勢力はこれを上回ることはありませんでした。

しかし、なぜ、このような歴史の事実が、日本では記録として残っていないのでしょうか。それは、一六一四（慶長十九）年、徳川幕府がキリシタン禁教令を出して以来、二百六十年もの長い間、日本ではキリスト教が禁止され、もし、キリスト教徒と分かったなら死罪になるという実に厳しい掟があったからなのです。ですから、一八七三（明治六）年にキリシタン禁教令が解けるまで、日本の歴史の中から、キリスト教に関する情報はほとんど抹殺されていました。

たとえば、キリシタン大名の黒田官兵衛や大友宗麟の葬儀は、それぞれ、博多と津久見の地でキリス

大友宗麟の像は大分各所にある。編集部撮影

ト教式で行われ、当初は、キリシタン墓地に遺体が安置されていましたが、後継者が、それぞれに、後にお寺でも葬儀を行ったため、遺体はお寺に移され、二人の生涯を記録した日本側の資料には、キリスト教の葬儀が行われた事実は一切触れられてはいないのです。

驚くことに、キリシタン大名としての黒田官兵衛や大友宗麟の記録は、昭和になってから、ポルトガルにある資料などが翻訳され少しずつ明らかになり、最も詳しい記録であるルイス・フロイスの『日本史』に至っては、戦後になってやっと、日本のキリシタン研究家の努力によって、ポルトガル語から日本語に訳され出版されたという経緯があります。

これから紹介する大友宗麟の物語は、この『日本史』に記載された膨大な資料からコンパクトにまとめたものですが、それを紹介する前に、日本側の資料を中心に武将としての宗麟の前半生を年代順に駆け足でたどってみましょう。そこには、血で血を洗う権力争いと、肉親でさえもその命を奪おうとする謀略の影が見え隠れします。

一五五〇（天文十九）年

ザビエルが来日して一年後のこと。豊後では、領主・大友義鑑《よしあき》が宗麟《そうりん》の異母弟である塩市丸に家督を譲ろうと画策、二月に、宗麟を別府浜脇温泉に強制的に湯治《とうじ》に行かせた。留守の間に宗麟派の粛清を計画したものの、逆に、それを察知した宗麟派の重臣が謀反を起こし、義鑑は負傷して死去するという政変が起こった。義鑑は死の直前、宗麟に家督を相続することを遺言、宗麟は第二十一代大友家当主となった。

一五五一（天文二十）年

周防国（中国地方）の大内義隆が陶隆房の謀反により自害すると、宗麟は、隆房の申し出を受け、弟の大友晴英《はるふさ》（大内義長《ながと》）を大内家の新当主として送り込んだ。これにより、大内氏との対立がなくなり、大友宗麟は、周防、長門方面にも影響力を確保した。特に、博多を得たことは大友家に多大の利益をもたらした。

一五五四（天文二十三）年

復権をもくろむ叔父の菊池義武の反乱を退け、菊池氏を滅亡させて肥後国《ひご》（熊本）を確保した。だが、一五五一年にザビエルと会って以来、来日したイエズス会宣教師を庇護し大友領内でキリスト教の布教を認めたことから、それに反対する家臣団との確執が激しくなり、一五五六（弘治二）年、小原鑑元《あきもと》が謀反を起こすなど、宗麟の治世は当初から苦難の連続だった。一方で、ポルトガル商人とのつながりができた宗麟は、室町幕府第十三代将軍・足利義輝に鉄砲や火薬調合書を献上するなど将軍家との関係を強化していった。

一五六〇（永禄三）年

左衛門督《さえもんのかみ》に任官した宗麟は名実ともに、九州で最大の領土をもつ大名となり、大友家の全盛期を迎えた。しかし、二年後には、門司城の戦いで毛利元就《もうりもとなり》に敗北。一五六二（永禄五）年に出家し、休庵宗麟と号した。一五六四（永禄七）年には、敵対していた毛利家と、将軍・足利義輝《よしてる》が調停に入り和睦が実現した。

✠矛盾した宗麟の人間像

大友宗麟は、ザビエルとの出会いから十年後に、出家し、禅宗の法名を宗麟と名乗りました。これは意外な展開です。あれほど、キリスト教に心惹かれ、来日した宣教師たちを、周りの反対を押し切ってまで守り通した宗麟が、なぜ、仏門に入ったのか？　この疑問は、豊後で働いていたルイス・フロイス

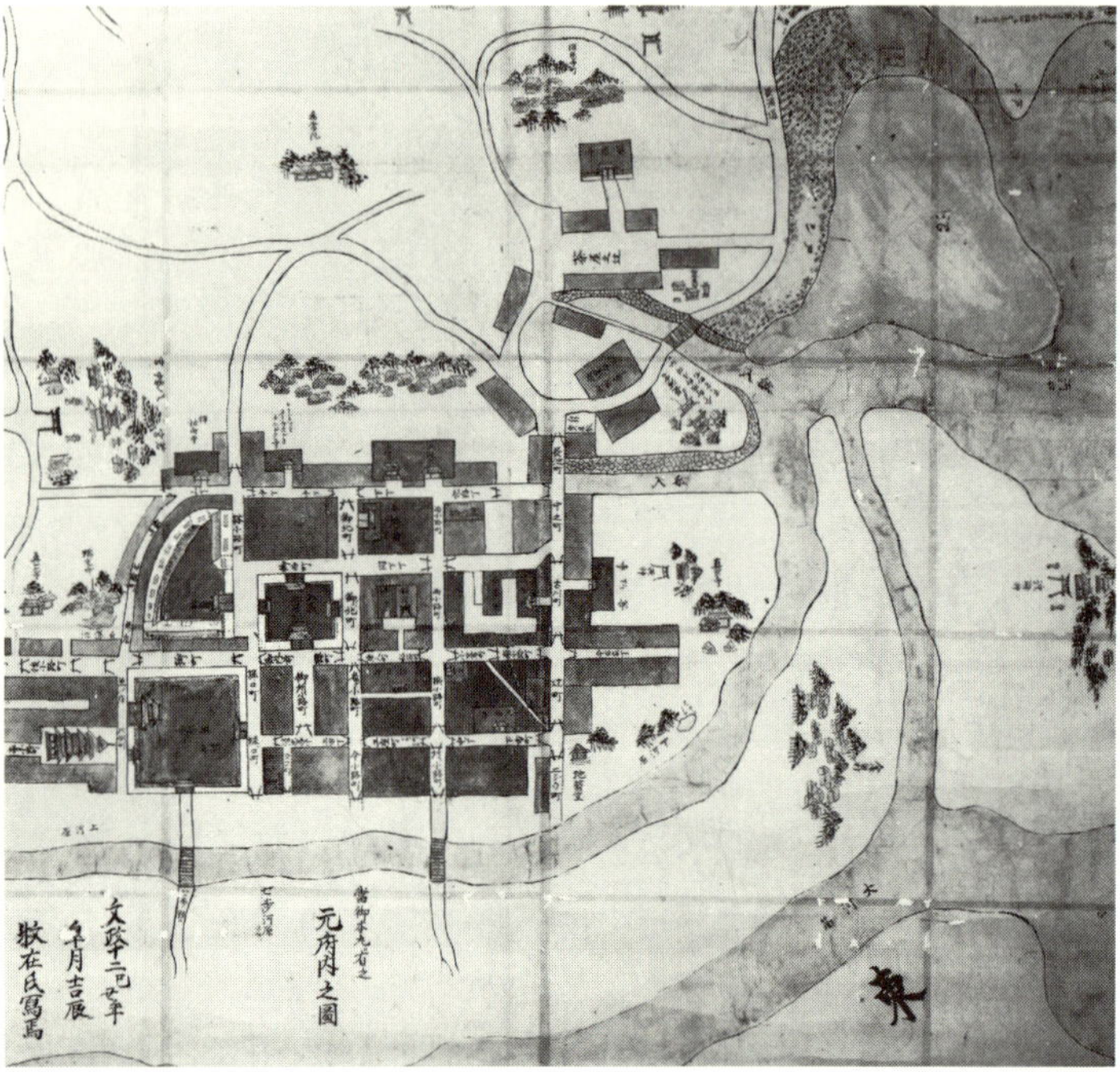

大友宗麟などが統治していた時代の地図。大友館が中央に記されている。大分市歴史資料館所蔵

らイエズス会の宣教師にとっても、どうしても理解できなかった点であったらしく、フロイスは、『日本史』の中で、矛盾した宗麟の人間像を以下のように記述しています。

「国主である父君（大友宗麟《そうりん》）は、物事に対し非常に慎重で、優れた才能を有し、目先の利く人物としてつねに日本では有名であった。彼は当初は豊後のみ領有していたが、その手腕によって、さらに五カ国を獲得し、（中略）日本において我ら（イエズス会員）に最初に好意を示し始めたのは、実にこの国主であり、二十七年このかた、司祭や修道士たちは彼の領内に住みついている。彼は司祭たちの求めに応じ、旅行に必要なすべての糧食を快く与え、その領内で我らに便宜をはかるのみならず、まだ異教徒の身でありながら、司祭や修道士たちがデウスの教えを弘めに行きたいと思っていた都、その他の国の国王、ならびに異教徒の領主や友人たちに書状を送って、キリシタンの布教事業に好意を示されたいと依頼し、さらにその願いを有効ならしめようと、書状とともに若干の贈物を添えて司祭たちを送り出したほどであった。

またポルトガル人に対し格別の愛情を示し、家人に対するように彼らに親しく語りかけ、貧しい者に対しては、多額の銀、その他の施し物をもって彼らを援助した。（中略）けだしこの国主ほどヨーロッパやインドの諸国、ならびに教会に関してもろもろの事情を聞き質《ただ》した者は日本にいないであろう。（中略）ただ一つ我らの目からははなはだ汚点に見えることがあった。それは司祭たちがどのように説得力をふるっても、彼をして自発的にデウスのことを聞く心構えを抱かせ得なかったし、彼はいとも遠隔の国からはるばる日本に宣布されたキリストの教えを根本から知ろうとはしないことであった。

この豊後国主は（禅宗に帰依《きえ》しており）同宗に対する好意、ならびにその宗派の知識によって自らの名声を高めようと考えていた。そのため彼は都にある紫と称される同派最高の僧院（大徳寺）に、一つの高貴な建物を造り、その維持費を豊後から送ると共に、息子の一人をそこに居らしめることにした。また、臼杵《うすき》の自分の城と向かいあったところに多額の費用をかけて非常に荘厳な僧院を建て（中略）た」

（『完訳フロイス日本史7』第36章　ルイス・フロイス著／松田毅一・川崎桃太訳）

この大友宗麟の姿に、織田信長を重ね合わせてみましょう。共にイエズス会の宣教師たちを終生保護し、援助の手を差し伸べています。しかし、信長は仏教に対し、天下取りの敵と見なし、その撲滅を図っています。一方の宗麟は、キリスト教に理解を示す一方で、自らは禅宗に帰依したのです。

信長にとっても、宗麟《そうりん》にとっても、ポルトガルの商人や宣教師とのつながりを大切にした背景には、銃や大砲といった武器を得るというメリットがあったことは確かでしょう。しかし、そのような利害関係だけでなく、キリスト教という新しい価値観に心惹かれたことも事実です。「もし、姦淫の罪を見逃してくれるなら、予はキリシタンになってもいいぞ」とは、信長がフロイスに語った本音です。

信長と宗麟の違いに、宗教への関心度があります。少なくとも宗麟は、信長以上に生きる意味を真剣に求めていました。禅宗への帰依《きえ》もその表れとも考えられます。


さて、禅宗に帰依した宗麟ですが、ザビエルに出会って二十七年目に、ようやく、キリスト教の洗礼を受けています。遅きに失した感がありますが、驚くことに、それ以後は熱心なキリシタンとして生涯を全うしたのです。

二転三転、一体、宗麟の心に何が起こったのか？　これに関しては、もう一つの物語として後半で詳しく紹介していきます。

✠豊後のキリシタン

「当豊後の国においては、私たち（イエズス会宣教師）の聖なる教えは、大勢の異教徒や仏僧たちから軽蔑され憎まれ嫌われておりますが、それにもかかわらず、絶えず私たちのところにやってくるキリシタンたちの間では、大いなる熱意や信仰、および深い敬虔さが支配しています。そして村々の異教徒たちは、説教を聞くためにここに集い来て、聖なる洗礼を受けました。私たちは仏僧たちや賤しい連中から嘲笑されており、彼らは、貧しく身分の低い人たちだけしかキリシタンにならないのを見ていますので、私たちを軽蔑してあしらいます」（『完訳フロイス日本史7』第28章　ルイス・フロイス著／松田毅一・川崎桃太訳）

ザビエルが別府湾からインドへ帰国した後、一五五二（天文二十一）年九月には、ザビエルの要請でイエズス会のガーゴ神父が来日、長崎の横瀬浦に到着後、豊後へ入りました。そして一年後には、宗麟の信頼を受けたガーゴ神父は、教会や司祭館を建てる許可を得、土地も提供されています。教会といっても、ヨーロッパにあるような尖塔がそびえる石造りの大建築ではなく、木造の仏寺のような建造物であったと考えられます。

一五五三（天文二十二）年七月、府内（大分）の教会は完成しました。当日、新築の府内教会の庭には高い十字架が立てられました。この時、府内にいた、ガーゴ神父、フェルナンデス修道士は、万感の思いで、神に感謝の祈りを捧げたのです。

豊後には、さらにバプティスタ神父、カブラル神父、アルメイダ修道士などイエズス会の宣教師たちが布教のために次々とやって来ました。

なかでも、一五五五（弘治元）年に豊後府内（大分）にやって来たアルメイダ修道士は、前は貿易商人として金儲けのために働いていましたが、修道士としての献身を決意した後は、全財産をイエズス会の宣教活動や社会福祉活動に捧げ、同時にその医学的知識を生かして、医療活動にまい進し、府内に日本最初の西洋医学を取り入れた医院を開設しました。その業績は、現在、大分市内にあるアルメイダ記念病院に受け継がれています。

バプティスタ神父の書簡を見ると、豊後におけるキリスト教の布教は、当初は困難を極めたことが分かります。また、領主・大友宗麟《そうりん》は、キリスト教を庇護するも、自らはその信仰を受け入れなかったため、当初は、武士の間に、その教えが広まることがありませんでした。むしろ、世間から見捨てられたような、貧しい人や病人など弱い立場にある人々に、まず、キリスト教が広まったようです。ですから、医療伝道は、府内で最も有効な活動だったと言えるかも知れません。当時、業病と見られていたハンセン病患者に救いの手を差し伸べたのはアルメイダ修道士でした。

ここで、アルメイダ修道士の生涯について紹介したいと思いますが、その前に、彼が豊後に赴任し、病院を造り、次第に、キリシタンの数も増えてきた府内のキリシタンの状況について、フロイスの『日本史』から抜粋して少しその状況を見てみましょう。

「日本のキリシタンたちには、本来、罪の償いをすることを好むある種の性癖がある。ところで府内の市《まち》はすべて異教徒の住民で、それに比べればキリシタンの数はとるに足りないものであったが、それでも四旬節の金曜日の晩には、教会は人々を収容しきれぬくらいであった。

修道士は、キリスト御受難の説教の後、十字架にかかったキリスト像の前で対話を行い、キリシタンたちは皆、非常に厳格な鞭打ちの苦行をして人々に感嘆の念を起こさせた」

受難節が終わり、初めて復活祭を祝った時には、「真夜中を少し過ぎるともう各地からキリシタンたちが実におびただしく参集して、教会の中も教会の前の広場も人が満ちたほどであった。

司祭は彼らのために行列を催したが、その際、白衣の十六人の少年が胸に十字架を掛け、頭には花環を載せ、手にはロウソクを携《たずさ》えて進み、主なるデウスを賛美する聖歌を歌った。これらの少年たちはほとんど皆、両親から教会に奉仕するために司祭たちに差し出された人たちで、彼らはミサに仕え、司祭館で育てられた少年たちは、もうかなり巧みにヴィオラを弾くことができた。（中略）

ところで、キリシタンたちは非常に告白することを望んでおり、（中略）司祭に対してぜひとも自分たちの告白を聞いてほしいとせがんだ。そこで、司祭は、まだ、日本語が上達していなかったにもかかわらず、彼らおよび修道士たちの懇願に動かされて、ついに、彼らの告白を聞き始めた。そして、司祭は、彼らが告白する時の順序正しさ、大勢の人々に見られた心の純潔さ、己が罪に対する傷心と悔恨の深さに驚嘆した」（『完訳フロイス日本史7』第28章　ルイス・フロイス著／松田毅一・川崎桃太訳）

ここで、このフロイスの文章について解説をしてみたいと思います。

キリスト教の祝祭日としては降誕祭（クリスマス）がよく知られていますが、もう一つ大切な祝祭日が復活祭（イースター）です。右の文章には、今から四百五十年前、その復活祭が府内（大分）で華々しく行われた様子が描かれています。復活祭は、イエス・キリストが十字架に架けられ、そこで息を引き取った後、三日目に復活した出来事を祝う日ですが、その復活祭の前に、キリストの苦しみを想い静かに祈る期間があります。これを、キリスト教の暦では受難節と言います。

フロイスの記事を読むと、この受難節に、府内にいたキリシタンたちが、「非常に告白することを望んでいた」とあります。ここで言う「告白」とは、デウス（神）の前に自分の罪を告白することを指します。実際は、カトリック教会では神父がその告白を聞き、「神はその罪を赦してくださる」と慰めと励ましの言葉を告解した人にかける習わしがありました。

キリスト教の中心的教えとして、新約聖書・ヨハネの福音書3章16節にこう記されています。

「神は、実に、そのひとり子（イエス・キリスト）をお与えになったほどに、世を愛された。それは御子（イエス・キリスト）を信じる者が、ひとりとして滅びることなく、永遠のいのちを持つためである」

キリスト教徒とは、創造主である全能の神を礼拝し、神がこの世に送ってくださったキリストを救い主として信じ、生涯をキリストに従って歩む人々のことを言います。

では、キリストはなぜ救い主なのか。それは、人類の罪のすべてを十字架上で負い自ら命を捨てることによって人間を罪から解放された、というキリスト教の教えに根拠があります。キリスト教徒は、キリストが死んで三日目に復活したという聖書の記録を真実として受け取り、その復活の希望に生きる人々でもあります。

我々人間が、自らが罪人であることを認め、その罪から救ってくださるお方はキリスト以外にはないと信じる時に新しく生まれ変わる、というのがキリスト教の中心メッセージでもあるのです。

しかし、今から、二千年前、キリストの弟子たちが、この十字架の福音を人々に宣べ伝えた時、ユダヤ人をはじめ、多くの人々が、「何というばかげた教えか」と反発したのです。常識的にはこの反対は当然と言えましょう。十字架に架けられた人物を人類の救い主として崇め礼拝するのですから。

とはいえ、この荒唐無稽とも言える教えの中に真実を見出した人々もいました。それがキリシタンと言われた人々です。府内に住んでいた人々はこのキリストの救いについて聞く前は、自分の罪に苦しみ、人生には何の目的も希望もないと嘆いていたと考えられます。しかし、キリストのことを知った時、人々の心に変化が起こりました。今まで味わったことのないような喜びと平安に心が満たされたのです。

日本では、苦しい時の神だのみ、という信仰はあっても、神が人を愛し、その神を愛する者にはどのような状況の中にも希望がある、という信仰はありませんでした。

府内（大分）の人々も、初めは恐る恐るキリスト教に近づいたのかも知れません。しかし、貧しい人々が慈しみを受け、業病といわれた病で苦しむ人々が大切にされている姿を見た時、人々は、驚きと共に、生きることの意味を発見したのでしょう。特に、医療宣教師・アルメイダの、すべてを捧げて苦しむ人々に仕える姿は、府内の人々にある種の感動を与えたと考えられます。

ユダヤ人・アルメイダ

府内に最初の教会が建てられてから二年後の一五五五（弘治元）年、府内やその周辺の村々でのキリシタンの数は千五百人を超えていたという記録があります。このため、府内の教会では毎日のようにミサが行われ、宣教師の中では最も日本語に通じていたフェルナンデス修道士が、カトリックの儀式、教義について語って聞かせていました。

ルイス・デ・アルメイダがキリスト教の伝道者になる決意を固めて長崎県の平戸に上陸、豊後（府内）

にやって来たのは、一五五五年九月のことでした。ルイス・フロイスがマラッカから出した手紙には次のような記述があります。

「ドワルテ・ダ・ガマの船に乗込みしポルトガルの青年一人（ルイス・ダルメイダ）、四、五千クルサード（通貨単位：編集部注）を所有し、相当ラテン語に通じたるが、我等の主に動かされて貧窮なるキリシタンの病人の窮乏を憐み、かの地に留りて自費をもって病院を建設し、貧者を収容し、大いなる慈愛をもってこれを治療せり」（『イエズス会士日本通信（上）』村上直次郎訳）

ポルトガルの一青年というのがアルメイダのことです。ちなみに、ドワルテ・ダ・ガマとは、歴史上、最初に世界一周を達成したバスコ・ダ・ガマの息子にあたる人物です。アルメイダはよほど裕福だったらしく、現在の貨幣価値で概算すると数億円の財産をもっていたようです。

ルイス・デ・アルメイダは、一五二五年、ポルトガルの首都リスボンでユダヤ系の家庭に生まれました。十六世紀に入ると、ヨーロッパではユダヤ人がその才能を生かし、経済、政治、文化の分野で次第に大きな力をもつようになりました。このため、スペイン、ポルトガル両国で、しばしば反ユダヤ暴動が発生するようになり、その迫害を逃れるためにキリスト教に改宗するユダヤ人が増加したのです。

そこで、出てきたのが、カトリック教会が行った異端審問です。ユダヤ人たちは本当にキリストを救い主として信じているのか、改宗は生き延びるためのカモフラージュではないのか？　そういった疑いのなかで、キリスト教に改宗したユダヤ人は生きなければならないため、自らのアイデンティティをいつも明らかにする必要があったのです。

キリスト教に改宗したアルメイダも例外ではなかったでしょう。彼は、元々、貿易商人として財をなしていましたが、イエズス会に入会、その全財産をイエズス会の働きに捧げています。府内（大分）で日本最初の西洋式病院や孤児院を創設、自ら医師として献身的に働いた彼の活動の背景にはキリスト教会になんとか認められたいと奮闘する、ユダヤ人として背負った十字架が見え隠れします。

一五五五年四月、マレー半島のマラッカから、南シナ海沿岸の港に向かって航行していた船が激しい嵐に遭遇、シンガポール海峡で座礁してしまいました。この地域は、キリスト教徒に敵意をもつイスラム教徒の土地で、これまでも多くのポルトガル人が拷問され殺害されていました。この船に乗っていたのは、ヌーネス神父を団長とする第三次日本伝道団の一行でした。動揺する乗組員たちは、少し前に行き違ったポルトガルのガレオン船を追いかけて、救護を頼んでくれるようヌーネス神父に懇願しました。ヌーネス神父とピント神父、それにゴイス修道士の三人は小型船に乗り移り、船員と同行することになりました。夜です。座礁している本船の近くまでイスラム教徒の海賊の小舟が多数近づいています。緊迫するなか、懸命に船を漕いでガレオン船にたどりつくと、その船の大きさに威圧された海賊たちは、小舟を引き上げていったのです。

実は、このガレオン船の船長こそルイス・デ・アルメイダだったのです。彼はヌーネス神父から事情を聞き、はしけを操るポルトガル人の部下や修理工を即座に提供し、もし必要ならば、本船そのものを用いてください、とまで言ってくれたのです。

幸いにも、座礁した船は満潮時になると離礁、そのまま帆を揚げて出発することができました。この事件の三か月後、アルメイダは、貿易商人としての道から百八十度転換、日本で修道生活に入る決意をもって平戸に到着しました。ですから、このシンガポール海峡での海難事故に遭遇してイエズス会士のヌーネス神父らと出会ったことも、彼の献身の一つのきっかけと考えられています。

一五五五（弘治元）年九月、平戸から豊後にやって来たアルメイダは、当時、府内では貧困のため育てることができず、生まれてきた乳児を殺してしまう悪習があることを知り愕然《がくぜん》とします。アルメイダは、ただちに、当時、府内で活動していたガーゴ神父に、この幼い命を助けたいと、育児院の建設を提案しています。

「日本人の間でおこなわれている悪習のなかに、幼児を育てる苦労や貧しさのため、生まれてすぐこれを殺してしまう風習がある。今年から、アルメイダというポルトガル人がイエズス会の修行のために豊後に滞在することになったが、この悪習のことを聞いてひどく心を動かし、千クルサードを提

大分市内にある、育児院を記念したレリーフ。牛乳を搾る場面も描かれている。
写真：大分市観光協会提供

供して、育児院を建設する計画を立てた。彼はガゴ神父に頼んでこの計画を豊後の領主大友義鎮《よししげ》（宗麟《そうりん》：編集部注）に話してもらい、領民は幼児を殺さず、育児院に連れてくるべし、との命令を出してくれるように請願した。義鎮は大いに喜んで賛成し、生れた児を殺すことは大罪であるから、協力しようと返答した（一五五五年九月二十日付平戸発ガゴ書簡）」（『バテレンと宗麟の時代』加藤知弘著）

この育児院がいつまで続いていたのかは資料がなく不明ですが、その後、アルメイダは、日本で最初の本格的な西洋医学を取り入れた病院を府内に建てることになります。

一五五六（弘治二）年の暮れ、アルメイダは、豊後の田舎の伝道旅行から帰って来たヴィレラ神父とフェルナンデス修道士に相談、病院建設の計画を大友宗麟に話すことにしました。日本語に最も通じていたフェルナンデス修道士が代表して病院計画を説明すると、宗麟は一も二もなく賛成し、計画はすぐに実行に移されたのです。

日本最初の西洋式病院

日本最初の西洋式病院は、一五五三（天文二十二）年に建てられた最初の府内教会の建物を増改築して利用されることになり、新たな教会堂は隣接する小高い土地に建てられることになりました。現在の場所で言いますと、上野丘陵の麓あたり、ＪＲ久大《きゅうだい》線沿いにあったと推定されます。

当時の病院の様子については、日本側の資料は全くありませんが、府内教会に赴任していたガーゴ神父が克明な記録を残しており、四百年前、インドのゴアにあったイエズス会本部に書簡として送られていました。昭和の初め、そのポルトガル語の書簡が邦訳され、初めて府内にあった日本最初の西洋式病院の全貌が明らかになったのです。それによると、当時の病院の様子は次のようなものでした。

一五五七（弘治三）年、増改築されて病院になった「大きな家」は二つに区切られ、一方が、ハンセン患者用病棟、もう一方は通常の内外科用病棟として使われていました。二年後には、この病院に隣接して、石の土台の上に大きな木造の新病棟が完成しました。旧病棟の部屋は外科専用となり、内科は新しい建物に移されます。新病棟は廊下の両側に八室あって、各部屋にそれぞれ戸がついており、十六人の入院患者を収容できたといいます。

病室にはベッドが備えられました。また眼科や産科の治療も行ったようで、驚くことに手術などは、人々に見えるように、病室の周囲にあったベランダで行ったといいます。それにはわけがありました。府内病院の評判が高まるにつれ、それを妬《ねた》んだ人々が外科手術を「伴天連《ばてれん》の魔法」と言いふらしたため、誤解を受けないように外からも見える手術を行ったというのです。この外科手術を執刀《しっとう》したのはアルメイダ修道士でした。ということは、日本で、人体に初めてメスを入れたのはアルメイダということになります。

一五四六年に外科医師の資格を得ていたアルメイダですがそのまま医師の道を歩まず、金儲けのため、一時、貿易商人として活動し巨万の富を得ます。しかし、一五五五年、修道士の道を歩むことになった時、医師としての才能と商人として得た富のすべてを、人々の救いのために捧げたのです。

府内病院は、キリスト教の布教を目的に建てられたものですから、貧しい人々は無料で治療を受けることができました。病院経営の費用はアルメイダが提供し、他には大友宗麟《そうりん》からの献金があったと宣教師の書簡に記録されています。宗麟はその頃、キリシタンではありませんでしたが、宣教師の働きのために物心両面で援助を惜しまなかったと言われています。

西洋式医療発祥の地を記念した銅像。大分市内。編集部撮影

他には、とぼしい生活の費用を切り詰めてお金をため、全額を府内病院に寄付したキリシタンの婦人もいました。

府内病院の院長は医師でもあったトーレス神父が務め、アルメイダ修道士が、日本人の漢方医師などの協力を得て、診察と治療の現場の責任をもちました。ところが、府内病院はあくまでもイエズス会の布教活動の一環です。また、アルメイダはイエズス会に入会してまもないため、修道士としての信仰的修業も欠かせません。ひまを見ては各地へ布教にも出かけなければなりません。府内病院の評判が高くなるにつれ、外来・入院の患者は増え続け、アルメイダだけの働きではどうすることもできなくなっていったのです。

ここに、すばらしい協力者が現れました。内科医のパウロ修道士です。彼は、日本名をキョウゼンと言い、元々は多武峰《とうのみね》の仏教の僧侶で、フロイスは『日本史』の中で「日本の宗派の中でも最も学識があり、かつ第一級の医者であった」と書いています。パウロ修道士が施したのは漢方の医療でした。このため、府内病院で治療のため使用された薬のほとんどは漢方薬で、その効能に、ポルトガル人宣教師も驚いたようです。

残念ながら、パウロ修道士は病院が開業してからわずか十か月で亡くなりましたが、彼の残した処方箋は、彼の死後も大きな役割を果たします。

「彼が病のため死したる後、ミゲルといふ人これに代わりしがまた死し、両人とも聖き終焉を遂げたり。ここにおいてパーデレは右薬物を用ふることとなしたるが、シナより来るものにして（右二巻のシナ人の書籍は今これを学習せしむ）用ひ易く大なる効能あり、一つの薬は三日熱、四日熱その他諸病に用いて即効あり。ギリエルメ・ペレイラが船の乗組員一同と共に病みて豊後に来りし時、右の薬をもって治療せしが皆全快せり。またシナにも携え行きし者あり。その効を認めてこれを分与せんことを頼りにパードレに請ひたり。外科治療はイルマン・ルイス・ダルメイダこれを行ひ、我等の式によれり。かくのごとくしてキリシタンならびに異教徒は当所において諸病を治癒され、喜んで去れり」（『イエズス会士日本通信（上）』村上直次郎訳）

府内病院には、患者の入院や看護、病院の事務などを手伝うための男子信者のボランティア組織がありました。この組織はポルトガル語でミゼリコルジャ（慈善）と呼ばれていましたが、病院設立と同時に一五五六（弘治二）年十二月につくられました。このミゼリコルジャの会員たちは、病院のすぐ隣にある家などに寝泊まりし、厳格な会の規則に従って活動しました。

この組織は、日本におけるボランティア活動のパイオニアというべきもので、慈善箱を設けて信者から募金を行い、病人の世話だけでなく、貧しい人々や罪人になった人々の援助も行い、葬式の世話もこの慈善団体の役割でした。後に、ミゼリコルジャの会の活動は長崎のキリシタンの間でも広がり、悪徳なポルトガル商人が介在した人身売買の犠牲者たちの救済活動も行っています。

ここで、戦国時代にあった忌まわしい出来事について触れたいと思います。それは、人身売買の犠牲になった日本人の女性たちが、ポルトガル商人の手で、遠くヨーロッパにまで売られていった、という事実です。人身売買は、古くから日本では主に貧困を理由に行われていたようで、それは、昭和の時代、地方の農家の人々が貧しさのため娘を花街に売っていたという悲劇にまでつながっていきます。

戦国時代は、武器弾薬欲しさで、領主たちが、自分の領民をポルトガル商人に奴隷として引き渡していたということが起こりました。ですから、ポルトガル商人と言えば奴隷商人というイメージがいつのまにか生まれてきたのでしょう。当時のイエズス会宣教師たちもこの事実を知っていました。宣教師の中には、悪徳なポルトガル商人にそれをやめるよう勧告もしていますが、その悪行は長く続いたのです。

アルメイダは、かつてポルトガル商人でした。貿易船の船長として巨万の富を得ていました。そこから、アルメイダも奴隷商人だったのではないか、という疑惑も歴史家の中から生まれました。彼は、その奴隷商人としての罪を悔い改め、イエズス会の修道士になったと推測する人もいます。しかし、それを証明する資料はありません。しかも、貿易商人として、アルメイダが取引していたのは織物や香料で、武器の取引にかかわっていた証拠は何もないのです。

このアルメイダに関する疑惑に関して、思い出されるのは、十八世紀のイギリスで奴隷船の船長をしていたジョン・ニュートンの回心の物語です。嵐に遭い生死の淵をさまよった時、彼は神に助けを祈ります。その出来事がきっかけで、彼は回心、すべてを神に捧げてキリスト教会の牧師となりました。世界的に歌われている賛美歌「アメージング・グレイス」はジョン・ニュートンが、罪人である自分が神の驚くべき恵みにより救われたという喜びを歌詞にしたものです。

果たして、アルメイダもそのような驚くべき恵みを体験して愛の人となったのか？

真相は謎のままですが、一つ言えることがあります。それは、どんな罪であっても、人がその罪を神の前に心から悔い改め、神の救いを信じる時、そこに愛と赦しの人生が待っているという事実です。

✠大友宗麟の改宗

ここで、武将としての大友宗麟《そうりん》の後半生を年代順に見ていきます。

一五五九（永禄二）年

宗麟は、時の将軍・足利義輝に多大な献金運動をして、同年六月には、豊前国、筑前国の守護に任ぜられた。翌年には、左衛門督《さえもんのかみ》に任官、宗麟は名実ともに九州における最大の版図を持つ大名となり、大友氏の全盛期を迎えた。

一五六二（永禄五）年

門司城の戦いで、毛利元就《もとなり》に敗退。同年に出家し、休庵宗麟と号した。その後も足利将軍家には多大な援助を続け、永禄六年には足利義輝の相伴衆《しょうばんしゅう》に任じられ、翌年には、義輝に毛利との和睦の調停を依頼して実現。

一五六七（永禄十）年

豊前国や筑前国で大友家の家臣が毛利元就と内通して蜂起、これに重臣の高橋鑑種も加担する事態になるも、宗麟は立花道雪らに命じて、これを平定させた。また、この毛利氏との戦闘の中で、宗麟は、イエズス会宣教師に、鉄砲に用いる火薬の原料である硝石《しょうせき》の輸入を要請、その理由として、「自分はキリスト教を保護する者であり、毛利氏はキリスト教を弾圧する者である。これを打ち破るために大友氏には良質の硝石を、毛利氏には硝石を輸入させせないように」との手紙を出している。

一五六九（永禄十二）年

肥前国で勢力を拡大する龍造寺隆信を討伐するため、自ら兵を率いて侵攻したが、元就が筑前国に侵攻してきたため撤退を余儀なくされる。一方で、多々良浜の戦いでは毛利軍に打撃を与え、大内氏の残党で宗麟に味方していた大内輝弘に命じ、周防国（中国地方）に上陸、毛利氏の後方を脅かし元就を安芸国に撤退へと追い込んだ。

一五七〇（元亀元）年

再度、肥前国に侵攻するが今山の戦いで龍造寺隆信に弟の大友親貞《ちかさだ》を討たれるという大敗を喫し、隆信と不利な条件で和睦せざるを得なかった。その後も、筑後国や肥前国の反龍造寺勢力を扇動するも、龍造寺勢力の膨張を防ぐことはできなかった。

一五七六（天正四）年

家督を長男の大友義統《よしむね》に譲って丹生《にう》島城（臼杵《うすき》城）へ隠居する。この時から、義統と二元政治を開始した。

一五七八（天正六）年

薩摩《さつま》国（鹿児島）の島津義久が日向《ひゅうが》（宮崎）侵攻を開始すると、宗麟《そうりん》も大軍を率いて出陣した。しかし、翌年の耳川の戦いで島津軍に大敗し、多くの重臣を失った。さらに、蒲池《かまち》氏、草野氏、黒木氏などの筑後の諸勢力が大友氏の影響下から離れ、また、家督を譲った大友義統とも二元政治の確執から対立が深まり、以後の大友氏は衰退の一途をたどる。だが、人生の意味を求める一人の求道者としての宗麟に大きな心の変化が起き、耳川の戦いの直前に、宗麟は、カブラル神父からキリスト教の洗礼を受ける。洗礼名・フランシスコ。これは、一五五一（天文二十）年に、府内（大分）で出会った宣教師・フランシスコ・ザビエルと同じ洗礼名である。

あれほど、キリシタンになることを拒否していた大友宗麟が、なぜ、キリスト教の洗礼を受けたのか？これも謎と言えば謎ですが、宗麟の女性問題を抜きに、その謎を解くことはできないかも知れません。実は、大友宗麟の人間像については、日本側の資料の中には、若き日の宗麟の乱れた女性関係について触れたものもあるようです。もちろん、当時の大名の女性問題を、現代の性の倫理で論評することは的外れでしょう。大名に側室が多くいても、それが許される時代でもあったのです。ですから、高山右近や黒田官兵衛などのキリシタン大名が生涯、一人の女性を愛し添い遂げたということは例外中の例外だったと言えます。

宗麟は家庭には恵まれなかった大名だったと言えるのかも知れません。一番の原因は、二番目にめとり、最も長く夫婦として生活した正室と夫婦仲が悪かったという事実があります。由緒ある奈多神社の宮司《ぐうじ》の娘として育った夫人は、宗麟がキリスト教に理解を示した時、一番、それを激しく攻撃した女性です。そこに、二人の人生における価値観の違いが浮き彫りとなったのです。

ルイス・フロイスは『日本史』の中で、宗麟夫人について次のように記しています。

「豊後の国主は、親戚にあたる豊後のある身分の高い女性と結婚し、三人の男子と五人の娘をもうけ、すでに三十年間もともに過ごして来たが、彼女は気性が放埒《ほうらつ》で、性格の相違からことごとく国主と対立した。そのために、国主は嫌悪と不快の思いに苛まされ、苦悩あまり病に臥すほどであったが、子供たちや親族への配慮から、多年にわたって彼女に同調するよう努めて来た」（『完訳フロイス日本史7 第37章 ルイス・フロイス著／松田毅一・川崎桃太訳）

ここには、宗麟《そうりん》が忍耐に忍耐を重ねて夫婦生活を維持していこうとする姿が痛々しく描かれています。しかし、三十年という長い年月は、二人の仲をますます冷たいものにしていったようです。

こうした中で、宗麟夫人・奈多氏とその娘の一人はキリスト教に対する反感を強め、宗麟夫人は宣教師からイゼベルというあだ名で恐れられていました。イゼベルとは、旧約聖書の中に出てくるイスラエルの王・アハブの妃で預言者・エリヤを迫害した王妃です。

ある時、宗麟の娘に仕えていた少年の中にエステバンという日本人信徒がおり、仏寺より護符を受けてくるようにという命令を拒否するという事件が起こりました。それに対し、「キリシタンは主人の命令に逆らうのか」と宗麟夫人が激怒、キリシタンの家臣に信仰を捨てるよう要求、拒む者は死刑に処するとまで断じたのです。エステバンとカブラル神父は殉教の覚悟をしましたが、宗麟が乗り出して事件は解決します。しかし、この事件によって、宗麟夫人はいっそう、キリスト教を敵視し、宗麟夫妻の溝はさらに深まっていきました。

一五七七（天正五）年末の頃、大友宗麟は夫人と別居生活に踏み切ります。当時、居住していた臼杵城を出て、町のはずれにある五味浦と称する場所に造らせた新居に移った宗麟は、正室の侍女を務めていた女性に接近、やがて彼女を新夫人として迎え入れたのです。

正室と離縁した宗麟は、新夫人をキリスト教に入信させるため、連日、日本人修道士の説教を聞かせ、自分も同席して、その説教を熱心に聞くようになります。驚くことに宗麟は、自分が洗礼を受ける前に、この女性に洗礼を受けさせ、彼女はジュリアという洗礼名を受けています。ここにも、キリスト教の価値観に目が覚めた宗麟の心の思いが強く表れています。

宗麟が自分と離別、新しい妻と新居で生活を始めたことを知った前夫人の怒りは激しく、「これほどの大いなる責め苦に悩んで生きるよりは自ら生命を絶つほうがましと決意して短刀を肌身離さず持っていた」とフロイスの『日本史』には書かれています。

宗麟がイエズス会の日本布教長・フランシスコ・カブラル神父によってキリスト教の洗礼を受けたのは、一五七八（天正六）年七月二十五日のことでした。

『日本史』によりますと、説教を聞かせるため宗麟のもとに通っていたトーレス神父に、ある日、宗麟が「私は、カブラル神父に特別の尊敬を抱いているので、あの人から洗礼を受けたい」と告げたということです。

また、その心境として「自分は二十一歳の時、フランシスコ・ザビエルの教えを聞いてから四十八歳になる現在までの間、キリスト教は自分にふさわしいと思い、胸中ではそれが良いものであることを認めていたが、国を治める者の責任からと、日本仏教の奥義を極めてからとの思いから、受洗に踏み切れなかった」とトーレス神父に告白しています。

宗麟《そうりん》は、その追憶談の中で、禅宗に帰依《きえ》し修業に励んでは見たものの、そこに心の平安を見出すことはできなかったとも述べています。


「予は日本の宗教の完全さ、その奥義と知識を、どこまで究め得るか試み、あますところなくそれらについて知りたいとの願いを有したからである。ところで禅宗の教えは、他のすべての日本の宗派の論法の基本をなすものであるから、禅宗をよく弁《わきま》えれば、いうまでもなく他のすべての日本の宗派について言われていることを知ることができる。それゆえ、予は莫大な費用をかけて、かの僧院を建立し、また都から学者を呼んで学び、多年にわたって禅宗の観想に励んだ。だが実際には、禅宗の奥義に立ち入れば立ち入るほど奥義らしいものはなくなって、底の浅さが見出された。それのみか予の心は不穏となり、知識が混乱するのを覚えた」(『完訳フロイス日本史7』第38章　ルイス・フロイス著／松田毅一・川崎桃太訳)

✠幻のキリストの王国

一五七九（天正七）年三月、宗麟から家督を受け継いだ長男の義統《よしむね》は、六万ともいわれる大軍を率いて、日向《ひゅうが》（宮崎）に向かい、島津側（薩摩）についた十七の城主を降伏させ、四月には抵抗を続ける土持親成《つちもちちかしげ》を松尾城（延岡市松山）に攻め、これを打ち破ります。

同年七月、大友宗麟は、臼杵で洗礼を受けています。当時のフロイスの書簡によりますと、元々は、宗麟は、洗礼は日向で受けるつもりだったようです。その理由は、義統が日向を制圧したあと、そこにキリストの王国を建設するという遠大な構想が宗麟にはあり、そのキリストの王国の地名も「ムジカ」とつけることを考えていました。「ムジカ」とは、ラテン語で音楽、すなわち神への賛美を意味していました。

ところが宗麟のこの思いを聞いた時、トーレス神父は、洗礼は一刻も早い方がよいと助言、カブラル神父が西九州からの旅から帰ってただちに洗礼式が行われたのです。

宗麟の考えたキリストの王国は、ポルトガル国の法と秩序で治めること、兵士はすべてキリシタンとなすべきこと、日向の住民が宗麟とその部下たちと融合するため、住民はことごとくキリシタンになって兄弟のごとく愛し合うべきこと、宗麟の居城を築く前に、まず、教会堂を建て神父や修道士を駐在させること、などを計画していたことが分かっています。しかし、宗麟《そうりん》のキリストの王国建設は幻に終わります。

宗麟が洗礼を受けた一五七八（天正六）年の秋、摂津《せっつ》（伊丹《いたみ》地方）を支配していた荒木村重が織田信長に謀反を起こし、村重の部下であった黒田官兵衛と高山右近は窮地に陥ります。村重を説得に行った官兵衛は伊丹の有岡城に幽閉され、右近の方は、村重側につくならキリシタンを迫害するぞと信長に脅されます。結果は、右近の捨て身の行動で事態は収まるのですが、この年、豊後でもキリシタンにとって最大の試練が待ち受けていたのです。

一五七八（天正六）年十一月、田原親賢《ちかかた》を総指揮官とする豊後軍の本隊は、長躯《ちょうく》南下し（宮崎県）児《こ》湯《ゆ》郡高城《たかじょう》を包囲しました。やがて、島津義久が大軍を率いて佐土原に着陣、島津義弘、家久もそれぞれの軍勢を率いて集結。十一月十一日正午、戦いの火ぶたは切って落とされましたが、この日の合戦で大友勢は大敗を喫し、翌十二日の決戦で壊滅状態に陥り、総崩れで退却するところを、さらに耳川まで追撃され、二万余の戦死者が出たのです。

この耳川での大敗は、宗麟のキリストの王国建設の夢をこなごなに打ち砕きました。しかし、この未《み》曾《ぞ》有《う》の大敗にもかかわらず、また、大友領国の瓦解が決定的になったにもかかわらず、宗麟はより強くキリスト教へと傾斜していきます。宗麟も人の子、デウスにご利益を願って戦勝を祈願したことでしょ

GREGORIO XIII. 39

Casa professa della Compagnia di Giesù in Vxuqui, Città nell'Isola del Giappone.

Collegio della Compagnia di Giesù nella Città di Funai, nel Giappone.

Se-

1591年、欧州で発行された『ローマ教皇グレゴリオ13世伝』で描かれた、臼杵のノビシャド（上）と豊後府内のコレジオ（下）。伝聞で描いているので欧州風の建物に。大分市歴史資料館所蔵う。しかし、その祈りが聞かれなかったからと言って、デウスを見限ることはしなかったのです。宗麟《そうりん》には、古来の日本における、ご利益信仰とは全く異なる、全能の神にして救い主であるデウスへの畏敬と熱い信仰が脈打っていました。

宗麟がキリスト教の洗礼を受けた意味は大きなものでした。日向敗戦にもかかわらず、この敗戦以後、宗麟がキリスト教の布教に積極的になったこともあって、豊後一帯にキリスト教は広まっていきます。

当時のイエズス会の報告書によりますと、耳川での敗戦から六年後の一五八四（天正十二）年には、府内（大分）の宣教師館、臼杵《うすき》の教会、それに野津《のつ》、由布《ゆふ》、二か所にいたイエズス会士は、宣教師八人、日本人修道士十四人、ヨーロッパ修道士十三人を数えています。

この年にキリスト教の洗礼を受けた信徒は、大佐井《おおざい》：四百、高田：三百九十、立石：百七十二、光吉《みつよし》：三十五、住吉：二十、来鉢《くばち》：四十五、丹生《にう》：百二十五、由布・玖珠《くず》：千、府内：百、下郡《しもごおり》：二十三、津留《つる》：百五十、朽網《くさみ》：七十、松岡：百二十四、豊前《ぶぜん》：百二十五など合計1二千七百七十九人、さらに、翌年の一五八五（天正十三）年には、豊後のキリスト教徒の数が一万二千人に増えたと記録されています。

この時期、豊後には八十近い教会の十字架が林立していたと言います。当時の仏僧も神官も、キリスト教が豊後の人々の心をつかんでいる現実を認めないわけにはいきませんでした。

「キリシタンのみならず、異教徒等もデウスの教えをよく知り、この教えには真理があることを認めたあかしとして、次の仏僧の言葉がある。この仏僧はたいへん思慮深い人で、王（宗麟）が都に派遣したほどである。彼が友人にこう言ったという。『我ら（仏僧）の用務は自然に終わりを告げ、日本全国はキリシタンになるであろう。諸人は神仏に対する信仰を失っていくが、これを失えばキリシタンの教えの他に求むべきものはない』」（一五八五年・ルイス・フロイス年報）

秀吉の伴天連追放令

一五八七（天正十五）年、キリシタン大名・黒田官兵衛（如水《じょすい》）は、豊臣秀吉の九州平定後に、その戦功を認められ豊前六郡を拝領しました。その年の三月には、中津において行われたキリスト教の祝祭・復活祭で、官兵衛の熱心な伝道によって、息子・長政《ながまさ》、弟・直之、大友義統《よしむね》、毛利秀包《ひでかね》、熊谷元直、岐《き》部《べ》左近などの武将たちが洗礼を受けています。

これら洗礼を受けた武将たちの中に、宗麟の息子・義統の名があることに注目してください。キリスト教に反対していた母親の影響で長く入信を拒んでいた義統ですが、宗麟が洗礼を受けた後は、キリシタンの父親に、自分も信仰があることを認められたいと思ったのか、日向侵攻の先頭に立って、行く先々で偶像をこわすべしと、仏教寺院を破壊しています。

そのような義統の姿を陰ながら見守っていたのが黒田官兵衛です。官兵衛はキリシタンであっても決して神社仏閣を破壊するような行いはしませんでした。それだけに、義統《よしむね》の過激な行動に心を痛め、キリスト教の教えである愛と赦しのメッセージを伝えたのです。

官兵衛にとって、義統の心がデウスの愛で満たされるということが一番の望みでした。義統は、官兵衛のその真実に触れ洗礼を決意したのです。

しかし、時代は暗転します。この年七月、九州に侵攻していた豊臣秀吉が突然、伴天連《ばてれん》追放令を発令したのです。元々、秀吉は主君の織田信長がイエズス会の宣教師たちを厚遇したことを受け継ぎ、自らキリシタンに対し友好関係を保っていました。

ところが、突然の心変わりです。理由はいくつか考えられます。第一に、キリシタンの隆盛に自らの権威が脅かされるという恐れを感じた。だからポルトガルとの関係は純粋に商取引の分野に限定し、日本人の心を変えライフスタイルを変えるキリシタンを排除していく。その第一段階として、伴天連と呼ばれたポルトガルから来た司祭たちを追放する。秀吉自身は日本は仏教の国なのだから外国の教えであるキリシタンは必要でないとし、一部のキリシタン大名が仏教寺院を破壊している行為を強く攻撃しています。

この年の復活祭に中津で洗礼を受けた大友義統は、この突然の伴天連追放令に衝撃を受けます。元々、優柔不断な性格で領主としての矜持《きょうじ》もなく、人の言葉に左右されやすい義統です。せっかく洗礼を受けたというのに、そのことが、主君・秀吉の怒りに触れることが分かるや態度を豹変させたのです。

フロイスの『日本史』には、秀吉からの「棄教せよ」との布告を受け取るや否や、義統はその言葉に従って棄教し、ただちに妻子に信仰を捨てさせた、とあります。そして、秀吉に会うために大坂に行く準備をするにあたって最初に行ったのは豊後のキリシタンに全員棄教せよと命令することであった、と記されています。

以後、豊後におけるキリシタン迫害は背教者・大友義統の手によって始まるのです。そして、義統のキリシタン弾圧は、遂に殉教者を出すに至りました。

高田（豊後高田）に、ジョランというキリシタン名の信徒がいました。彼は鍛冶屋を職業としていましたが、地域の有力者で、高田から宣教師が追われた後、司祭に代わって幼児に洗礼を授け、死者を埋葬し、病人を見舞い、信仰の弱い者を激励し、異教徒たちに説教をし洗礼を授けていました。このジョランの行状を密告で知った義統は激怒し、彼の処刑を家来に命じたのです。処刑の命を受けた義統の家来は、百人の兵を従えジョラン宅を襲いました。覚悟を決めていたジョランは、狼狽することなく、潔《いさぎよ》く斬殺されたといいます。

この年、九州における戦局は大きく変わろうとしていました。四月には、宗麟《そうりん》の要請によって出兵した豊臣軍十万は島津軍を撃破、島津義久は秀吉の前に降伏します。

臼杵城跡。最初は臼杵湾の島に、一五六二（永禄五）年に築城されたが、現在は埋め立てによって陸続きになっている。編集部撮影。

九州を平定した秀吉は、義統《よしむね》に豊後一国を与え、宗麟《そうりん》には、隠居料として島津から奪回した日向を与える旨の国分け案を提示しますが、宗麟は辞退します。

「王は老いて疲労を覚え、己の魂の救を計らんことを望み、新に国の征服に労するを欲せず、感謝を述べてこれを辞した（一五八七年・フロイス年報）」（芥川龍男編『大友宗麟のすべて』収録、谷口研吾著「キリシタン大名宗麟」）

「豊後の王」の最期は目前に迫っていました。宗麟は臼杵籠城で疲労衰弱し、隠居地津久見へ行くことにしましたが、その数日前から発熱し、津久見に到着後、三日を経て息を引き取ります。一五八七（天正十五）年五月六日、波乱に富んだ五十八歳の生涯を終えたのです。

それは、伴天連《ばてれん》追放令が出される二か月前のことでした。ですから、息子の義統が洗礼を受けながら、秀吉の怒りに触れることを恐れ背教者となることを知らずにこの世を去っていったことになります。

「彼（宗麟）は改宗後常に清き生涯を送ったが、死に臨んで救を受くる兆候を示し、聖儀（聖餐《せいさん》）を授けられて大いにその罪を後悔し、デウスに対しその上を望む能はざる信心を表した。彼は病中かつて家族及び国について語ったことなく、デウスならびに魂に関することのみを思い、予（フロイス）に対しても屢々《しばしば》その魂のことを願と言い、すでに全く力尽きるに至っても、手を合せて主に祈り、その死する前彼が心中に深く願っていた世子（義統）のキリシタンとなることを許し給うた御恵みを謝し、遂に聖徒の如く死したが、彼はデウスの御恵により永久の生命を享楽しているであらうと思う（一五八七年・フロイス年報）」（同右）

官兵衛と義統・石垣原の戦い

一六〇〇（慶長五）年、関ヶ原の戦いが始まった時、徳川家康の天下取りが現実のものとなってきました。官兵衛（如水）の家督を継いだ中津城城主・黒田長政は、家康の養女を二番目の妻として迎えたこともあり、豊臣側から徳川側へと移り、関ヶ原の戦いでは先陣を切って奮闘します。父・官兵衛も、徳川の天下取りを確信して、九州の地で豊臣側の勢力と一戦を交えるべく挙兵します。

しかし、なぜ、引退の身で官兵衛は挙兵する必要があったのでしょうか。乱世を早く終わらせ平和な世を実現したいというのが官兵衛の夢でもあり、そのため、徳川による天下統一に協力をしたとも考えられます。

謎の多い九州における官兵衛の挙兵ですが、実は、官兵衛が家康に伍して天下取りをもくろんだという説もあるのです。しかし、この説は、知将として知られた官平衛とはおよそイメージがかけ離れており、この解釈には無理を感じます。

もう一つ、官兵衛は、同じキリシタン大名だった大友宗麟《そうりん》が夢見たキリストの王国を日向に建設することを真面目に考えていた、という説もキリスト教会側から出ています。しかし、関ヶ原の戦いが短期間で終わり、徳川の世が思ったより早くやって来たため、その夢は結実の機会を逸したというのです。

あまりにも謎の多い官兵衛最後の戦いの戦場は別府湾を望む石垣原の平原でした。なだらかな丘に天然の石垣が敵の攻撃を防ぐ要塞のように並び、別府湾の東側の温泉場・浜脇の浜に周防灘《すおうなだ》を渡って大挙押し寄せて来た毛利軍と相対したのです。毛利輝元は、秀吉亡き後も豊臣家に忠

駆け足人物伝

黒田官兵衛（一五四六～一六〇四）

一五四六（天文十五）年、小寺職隆《こでらもとたか》の長男として姫路城で誕生。名は孝《よし》高《たか》。父の職隆は御着《ごちゃく》城主・小寺政職《まさもと》に仕える姫路城代。六二（永禄五）年、元服《げんぷく》して官兵衛と名乗る。その後、織田信長の臣下として、各地で戦闘に加わる。八〇（天正八）年より、黒田姓を名乗る。八三（天正十一）年、キリスト教の洗礼を受ける。八六（天正十四）年から九州の役が始まると

誠を尽くしていました。
その軍勢の先頭に立ったのが、皮肉にも、官兵衛がキリスト教の信仰に導いた大友義統《よしむね》でした。義統は、朝鮮戦役の時、味方を見捨てて逃亡するという武士としては有るまじき行為を秀吉に咎《とが》められ謹慎を言い渡され、秀吉亡き後は、毛利輝元のもとに預かりの身となっていました。豊臣側の西軍が挙兵し九州攻めをするにあたり、秀吉の嫡男《ちゃくなん》・秀頼《ひでより》は元々、九州の大名であった義統を九州制圧軍の大将として抜擢、鉄砲三百挺《ちょう》と軍資金を与えています。

かつては、共に豊臣家に仕える身の黒田官兵衛と大友義統ですが、時代は変わり、政略図も大きく変わり、二人は徳川側の東軍と豊臣側の西軍に分かれ、相対することになったのです。
義統の豊後帰還を知ると、譜代《ふだい》の重臣や元家来たちも馳《は》せ参じ、二千を超える軍勢となりました。豊後にある富来《とみく》城（国東《くにさき》市）、安岐《あき》城、立石城（別府市）、府内城（大分市）、臼杵城、佐伯城、竹田城、日隈《ひのくま》城（日田市）などは、いずれも豊臣側に仕えていた大友家に帰順を示していた土豪の居城です。

秀吉の先鋒として西方へ出陣、この頃、兵士らにキリスト教宣教師の説教を聞かせる。八七（天正十五）年には、嫡子・長政《ながまさ》、大友義統《よしむね》、毛利秀包《ひでかね》らが受洗。同年、豊前六郡を与えられ、伴天《ばて》連《れん》追放令後は宣教師たちを保護した。九二（文禄元）年、朝鮮に出兵。一六〇〇（慶長五）年の関ヶ原の戦後は豊後の領主に。一六〇一（慶長六）年、筑前博多に移り、後継ぎの長政に五十二万石が与えられる。一六〇四（慶長九）年、伏見の藩邸で死去。享年五十九歳。

如水（官兵衛）は、立石城から二十五町（約二千五百メートル）ほどの実相寺山《じっそうじ》に本陣を構え、まず初めに使者を遣わし降伏を勧める戦法を取ります。ぎりぎりまで交渉して戦わずして勝利するというのが官兵衛流の戦法ですが、やむなく戦いになった場合でも、捕虜になった敵の兵士の命を助けています。

安岐城攻めでも、領主の熊谷外記《げき》が、自らは自刃するから家来の命を助けてくれと嘆願した時、如水は「われ安芸城を囲むは人を殺すがためにあらず、ただ、われに敵対する城兵を討つためである。もし、真に降参せんとすれば城兵はもちろん、外記の命も赦免せん。また、われに仕えんとすれば本治を安堵し、城を退散する者は、その資材什器《じゅうき》のごときは勝手に運び去ることを許すべし」と言っています。そして、如水は黒田陣中にふれを出し、みだりな殺戮や略奪を固く禁じたのです。（参照：『キリシタン武将・黒田官兵衛』林洋海著）

一六〇〇（慶長五年）年九月十五日、義統《よしむね》は黒田軍に追いつめられ、降伏を願い、頭を丸めて如水の軍門に降《くだ》ります。実は、如水は義統とは戦いたくなかったのです。そこで、義統の陣営に使者を遣わし降伏を迫ります。しかし、義統はそれを拒否、戦わざるを得なかったという経緯《けいい》がありました。戦いに敗れた義統は、黒田軍の捕虜となり牢獄につながれます。

キリシタンの官兵衛にとって、かつては洗礼も受けたキリシタンだった義統の魂の救済こそ、一番気にかけていたことでした。そこで、如水は、中津に滞在していたイエズス会の修道士を牢獄にいる義統のもとに派遣したのです。彼には、一度は信仰を捨てた背教者・義統が再び神のもとに帰ってほしいという切なる祈りがありました。また、官兵衛は、義統の命を救うために徳川家康にとりなしをしています。

では、義統は再び信仰を取り戻したのでしょうか。ルイス・フロイスが『日本史』の中で、「背教者」という烙印を押した義統です。フロイス亡き後、同じイエズス会のカルヴァーリオ神父は、一六〇一年に出されたイエズス会年報書簡の中で、〝その後の義統〟について、長文の記録を残しています。

「官兵衛殿について述べたのですから、ここに豊後の屋形（義統）の回心について報告しましょう。この者は内府様（徳川家康）に敵対したので、官兵衛殿が自らこれを打ち敗り捕虜にした者です。その回心は教化に役立つし、フランシスコ王（大友宗麟《そうりん》）の息子のことでありますから、あれほどの悪の中にあって私たちに少なからぬ慰めを与えてくれるものです。それはこのような次第です。

フランシスコ王の息子、義統という前記の屋形は官兵衛殿に一身をあずけ、官兵衛殿は彼を平常住んでいる中津川へ送り、数室を牢獄にあてて、彼を生きたまま内府様のもとへ送り届けたいと考えていたので、そこに監視として兵を置きました。

話が遠くさかのぼりますが、義統はかつての迫害（一五八七年七月発令の伴天連《ばてれん》追放令）の数カ月前に、この官兵衛殿の説得によって洗礼を受けました。しかしその時キリシタンを迫害し始めた太閤様（豊臣秀吉）への恐れから説教やその他の霊的修養の機会がなかったために、信仰が甚だしく弱くなり、かつて深く信じていた神や仏を再び崇拝するようになりました。とくにこの最後の戦い（石垣原の戦い）に勝利を得て、八年前に失った豊後国を取り戻すために、全面的信頼を神仏にかけました。その為にあらゆる有名な神仏に誓いを立て、御札や像や類似のものを取りよせていました。（中略）（義統《よしむね》が捕えられた後：編集部注）中津川にいた神父は（中略）彼を訪ねに行きました。不幸な出来事に同情の言葉を述べ、『あれほど信頼していた（日本の：編集部注）神仏が何の役にも立たないことに気付かれよ。世間が貴殿を騙《だま》しているのであり、現世には何も頼れるものはない。立派な父親の子として霊の救いに努力されよ。そのために我らの聖なる信仰に戻られよ』と言いました。

義統はこの忠告に感謝し、『すでに神仏の迷いからさめている。だから真の救いの道に戻りたい』と言いました。

しかし彼は神の問題についてそれまで甚だ僅かのことを聞いていたのみであるし、その僅かのこともすでに忘れていたので、教理問答書の説明を改めて聞くことを希望しました。神父はそれは尤もであると思いましたので、すぐイルマン（修道士：編集部注）に毎日行って説教をするように命じました。彼（義統：編集部注）は毎日数時間費やして一週間説教を聴き、数多《あまた》の質問をしてその回答に常に満足し、その週の終わりには完全に信仰について確信を得て、間もなく処刑される者として一生の告解をする決心をしました。

イルマンは徐《おもむろ》に告解の問題について説教し、彼は神について光と知識を得、救いの希望を抱いて準備をし、罪を深く痛悔して告解をしました。そして神父に焼いてもらうように、偽りの信仰に満ちた錦の大きな袋を渡しました。それで神父は喜び感歓し、彼（義統：編集部注）のこのような変化を神に感謝しました」（『九州キリシタン研究』ディエゴ・バチェコ著）

カルヴァーリオ神父の書簡は、さらに、義統の内面深くまで迫っています。

「告解が終わった時に内府様（徳川家康）から、充分注意し急いで彼（義統：編集部注）を護送せよ、という命令がきたので、人々はみなそれが処刑の為であると考えました。それで彼が心に迷いを生ぜずその知らせを快く受けるように、数多の前置きを述べて遠まわしにその命令を伝えましたが、しかし人々は彼がじゅうぶん覚悟をしていたので、慰めたり励ましたりする必要の全くないことを知りました。

彼は『我らの主なる神を見出し心に深い慰めと平和を抱いて告解をした以上は、死を悲しまないし、むしろそれを希望している。何故ならば私は性格が悪いし悪習に染まっているので、永く生きていれば再びその悪に陥ることを憂慮するからである』と回答し、さらに『告解をするパードレ（神父：編集部注）のいない時、いない場所で死ぬかも知れない。だから告解によって罪が赦され再び罪を犯す機会から離れている今、新しい罪に陥らぬために、もう死にたいと思う』と言いました。さらに付け加えて『私に同情したり私の死を悲しまれるな。私は全く悲しんではいないし、むしろ大きな慰めを

抱いているのだから』と言いました」（『九州キリシタン研究』ディエゴ・パチェコ著）

大友義統《よしむね》は、中津から京都へ身柄を移され、家康の命令で、その後、近江（滋賀県）にて謹慎生活を送り、後には秋田の地へ追放の身となります。秋田での追放生活は四年に及び、その間の窮乏生活の様子は、現地を訪れたロドリゲス神父の旅の報告書に詳細に記されています。これを読むと、人間の真実は死ぬまで分からないことを知らされます。窮乏の中にいたにもかかわらず、義統の心は平安に満たされていたのです。

「（ロドウリーゲス神父による記録より：編集部注）『キリシタンであったこの如水シメオン（黒田官兵衛）の説得と秀れた忠告によって義統は自分の過去を後悔し、信仰を取り戻して信仰に生きようという強い決心を抱きました。またこの如水の取りなしによって、公方（家康：編集部注）は彼の生命を赦し、日本の北の果てにある出羽国の主要な土地・秋田へ追放するだけで満足しました。その土地の領主に引き渡し、その生活のために辛うじて生きていられる程度の僅かな生活費を与えることに決めました』（中略）（義統は：編集部注）霊魂の救いのことに専念して他のことは何も望まず、とくに自分の罪、神やその教えを棄てたことを後悔し、追放による苦しみはすべて、現世において罪の償いをする為に与えられた神のお恵みであることを認めて、甘んじてこれを受けると申したのです」（同右）

義統の回心についての記録には、しばしば、黒田官兵衛の名前が出てきます。官兵衛自身は、石垣原の戦いに勝利して以後、嫡男《ちゃくなん》・長政が統治した福岡城の近くに居を構え、近所の人々とも気軽に付き合う隠居生活を送り、福岡の博多にキリスト教の教会を建てることに尽力しています。イエズス会の神父たちとも心の交流を続けていました。その姿は、地上の富、名誉、享楽など、すべての欲望から解放されて自由を謳歌《おうか》しているようにも見えます。

一六〇四（慶長九）年三月二十日、黒田如水（官兵衛）は、病気療養先の伏見の福岡藩藩邸で息を引き取りました。生前、如水は二つの遺言を残しています。一つは、最期に告解をしたいから神父を呼んでほしい。もう一つは、遺体は博多に運び、博多の教会でキリスト教式の葬儀をしてほしいというものでした。

一つ目は、神父が間に合いませんでしたが、博多の教会での葬儀は現地のイエズス会神父が司式を行いキリスト教式で行われたのです。残念ながら、日本側の資料にはこのキリスト教式の葬儀の模様は全く記されていません。一六一四（慶長十九）年に徳川幕府によって出されたキリシタン禁教令により、キリシタンの資料は日本側からは消え、今、残っているのは、当時、日本に滞在していたイエズス会の宣教師たちによる本国への報告書の中の記録だけです。

その記録によりますと、黒田如水の最期の時、彼の胸の上には、カトリック信者が祈る時に使う祈祷書「アニュースデイ」が置かれていたと言います。「アニュースデイ」とはラテン語で、「神の子羊」と訳されます。キリスト教では、キリストが人類を罪から救うために十字架に架けられた、という教理を大切にしています。「神の子羊」とは、自らの命を犠牲にしたキリストのことを指しています。

如水も最後の最後まで、自ら神の前に一人の罪人として立ち続けました。そして、その罪から救い出してくれたキリストへの感謝を抱きつつ地上の生涯を終えたのです。

北の果て・秋田の地から、藩主の転封《てんぽう》(領地の変更)に伴い、最後は常陸の国に移された大友義統《よしむね》が息を引き取ったのは一六〇五(慶長十)年九月二日。それは、信仰を導いてくれた黒田官兵衛が亡くなってから一年半後のことでした。義統の場合、最期の時、枕辺には神父が駆けつけ彼の罪の告白を聴いたと言われています。

日出の処刑場跡にて

別府湾には幾つもの漁港が点在しています。日出《ひじ》の港は、戦国時代から、府内(大分)の外国への窓口の一つとして、ポルトガル船も入港していたと言われています。一五五一年九月、ザビエルが山口から周防灘《すおうなだ》を通って府内の沖の浜に上陸したことがイエズス会年報に記録されていますが、別の説として、日出の港に着いたのではと推測する歴史家もいます。いずれにせよ、日出という港町がキリシタンと深い関係にあると聞いた筆者は、日出に住む高校の同級生が提供してくれた資料をもとに現地を訪ねてみました。

そこは、山の中腹にある何の変哲もない小さな公園でした。戦国時代に処刑場として使われ、その証しとして今、二つの記念碑が立っています。一つは、「旧・日出藩成敗場跡」と記された板の案内板です。もう一つが、「日出殉教公園」という石碑です。成敗場とはここで、かつて処刑が行われたということで、処刑された人の多くはキリシタンであったことが「日出殉教公園」の意味する所でしょう。

一六一九（元和五）年、この成敗場で、四十七歳の日出藩家臣とその息子が斬首の刑を受けています。処刑されたサムライの名は、加賀山半左衛門。初代日出藩主・木下延俊の家老であった彼の役割は、日出の港に出入りする通船や荷物などに税を課す組織の利権者たちをまとめ、それらの税を徴収し管理することでした。

二十九歳で、半左衛門が日出に来た頃、そこには一人のキリシタンもいなかったと言われています。後に、小倉《こくら》にいたイエズス会司祭が日出で布教を始めますが、日出を含む速見や国東《くにさき》半島は、宇佐神宮の勢力や仏教の影響力が強かったため布教に苦労したようです。特に、一六一一（慶長十六）年、セスペデス神父の死をきっかけに日出藩主が反キリシタンに転じ、妻ルチアの影響で自らキリシタンになっていた半左衛門も職を奪われ、一家は苦しい生活を送ることになります。

一六一四（慶長十九）年、徳川家康の命により、二代将軍・秀忠がキリシタン禁教令を出します。日出の町にも以来、迫害の嵐が吹き荒れ、五年後の一六一九（元和五）年十月十五日、半左衛門にも遂に死刑宣告が下ります。以下に紹介する殉教の記録は、当時、日出で秘密裏に布教していたイエズス会宣教師らがまとめて、ポルトガルなどにあったイエズス会本部に届けられたポルトガル語の報告書の中に出てくるものです。日本では二百六十年にわたりキリシタン禁教令が出ていましたから、それらの日出における殉教の記録は、昭和の初めに邦訳されるまで、ポルトガルの資料館などで眠っていたと考えられます。

記録によると、死刑宣告を受けた半左衛門は、落ち着いた様子で動じることなく、藩主に謝意を表したと言います。家族への別れをしている時、処刑する役人が、「どこで処刑されたいか」と聞くと、半左衛門は、「あなたがたの思い通りにしてください」と答えました。娘のテクラが、「父上、あなたは何一つ悪いことをしていないのですから、家から外へ出ることはありません。父上の心の休まるこの家の中で斬られてください。私たちもその方が喜びです」と毅然として言いました。半左衛門は娘をいさめます。「キリストは何の罪もないのに公の刑場で二人の盗賊の間で処刑された。自分もできる限りキリストにならって処刑されたい」

その時です。五歳になったディエゴが父の前に進み出て足元に身を投げ出して、「自分も一緒に神様のところに連れて行ってください」と涙ながらに頼みました。これを聞いた半左衛門は「あなたはまだ幼いから家に残り、母の言うことを聞いて大人になったら殉教しなさい」と諭します。

しかし、息子は泣いて父の足にすがりその手を離しません。やむなく、半左衛門は、「晴れ着に着替えてついて来なさい」とディエゴに言います。刑場で父親が殺される姿を見れば、怖がって諦めるだろうと考えたのです。しかし、半左衛門は息子にも死刑の宣告が下されていることを知りませんでした。父と子は別々の道を通って刑場へ向かったのです。

処刑場へ到着すると半左衛門は役人に向かって話し始めました。

「私が殿の意向をのんでキリスト教を棄て風習にしたがって転宗するよりは、キリスト教に背かずむしろ太刀で斬首されることを望むことをあなたがたは不思議に思い、あるいは私の気が狂っていると思っておられるでしょう。しかし、私がこうして殉教するのは、キリストの信仰によってのみ人類は霊魂の真の救済へ到達することを承知しているからということを分かって下さい。

この信仰だけが、全世界の創造主は神様であり、全ての人間は誰一人の例外もなく、その最高法廷に出頭しなければならないと教えています。神様の御前で永遠の処罰か、または永遠の光栄を受けるようになさっています。私があなたがたにお願いするのは、あなたがたが創造主のおきてと信仰を心から受容し、これによって永遠の救霊を得るようにという一事のみです。

あなたがたはキリシタンの信仰が全て根絶されるだろうなどと思わないで下さい。やがて平和になり、信仰は再生し、私が急いで拙い話をしていることをあなたがたはずっと詳しく聞けるようになるでしょう。私は何の罪も犯した覚えがないからどうか私の身の上を哀れまないで下さい。私はキリシタンの信仰という唯一の理由で殺されることを善しとするだけでなく、光栄に満ちたことだと考えていることを分かって下さい」（「バルタザル加賀山半左衛門と息子ディエゴの殉教」カトリック大分教区殉教の証し特別委員会編）

ここまで話すと、半左衛門はひざまずき、首に太刀を受けたのです。この様子をすべて見ていた息子のディエゴは父の流血を地上に横たわって確認し、自分も、地面にひざまずき、襟を正し、手を合わせて「イエス、マリア」の名を唱え、父の首をはねた同じ太刀で斬られたと言います。記録には、少しも怖れる気配もなく死に向き合った少年の勇気ある姿が驚きと共に記されています（同右参考）。

元和のキリシタン殉教

日出の処刑場で、キリシタンの加賀山親子が斬首の刑を受けた一六一九（元和五）年、この年の一月、遠く京都の地でも五十二名のキリシタンが、六条河原で、十字架に架けられ火あぶりの刑に処せられています。

当時、上洛した将軍・徳川秀忠は、一六一四（慶長十九）年に自分がキリシタン禁教令を出したにもかかわらず、キリシタンがまだ京都にいることを聞いて怒り、キリシタンを捕縛、処刑を命じたのです。

1622（元和８）年、長崎の西坂で55人が処刑された「元和の大殉教」の絵。実際に目撃した南蛮絵師によって描かれた。ローマ・ジェズ教会所蔵

現在、鴨川のほとり六条河原に行くと、「元和キリシタン殉教の地」の石碑が見られますが、かつてこの河原で、多くの血が流されたことを知ると、胸迫る思いがします。

一月十日、刑場には二十七本の十字架が並んで立てられました。キリシタンたちは二人、あるいは三人ずつ縛られ、幼い子供を抱いた女性は列の真ん中に、男は両端に縛られました。夕暮れ、遂に

刑の執行人がたちが薪に火をつけました。火炎と煙が立ち上ると、幼児たちが泣き始めたので、母親たちはその頭をなでて子供を慰めようとしました。

火炎の中で、人々は「イエス、マリア」と繰り返し祈ります。「間もなく天国で再び会うでしょう」と互いに慰め合う光景も見えます。その様子を目撃したイギリス商館長・リチャード・コックスは、感動のあまり友人に次のような一文を手紙に書いています。

「母親たちは、『主イエスよ、この子たちの魂を受けてください』と叫んでいました」

殉教者たちの亡骸《なきがら》は、フェルナンデス神父と結城《ゆうき》了雪神父によって葬られました。後に、この二人も殉教することになります。そして、京都で燃え上がった迫害の炎はやがて、全国に広がっていったのです。

結局、一六二二（元和八）年には、長崎の西坂で外国人宣教師と日本人信徒が五十五人、一六二三年（元和九）年には、江戸で五十人が一度に処刑されました。

第三章

ペトロ岐部
・
その愛と真実への旅路

✠寛永十五年・江戸

この物語は、一六一四（慶長十九）年に徳川幕府第二代将軍・秀忠がキリシタン禁教令を出してから二十五年経った頃の出来事から始まります。

一六三九（寛永十五）年十月末、日本から出航しマカオに寄港したポルトガル船の船長からの情報として、アントニオ・ルビノ神父は、イエズス会総会長宛ての手紙に次のような陰惨な出来事について記しています。

「酷《きび》しい迫害のために日本にはもはや彼等を受け入れ支えようとする者がいなかったため、江戸の役人たちのところに出頭することを決心して、自分たちはパードレ（神父：編集部注）でありキリストの信仰を説いていたと言った時、すぐに、拷問にかけられた（一六三九年十一月二日付四六号書簡）」（『ペトロ岐部カスイ』７章　五野井隆史著）

ここに出てくる「彼等」とは、イエズス会の司祭、式見・マルティーニョ、バプティスタ・ポルロ、そして、ペトロ岐部《きべ》の三人のことです。ところで、この情報について、五野井隆史氏は、「彼等が、江戸の奉行所に出頭したということは事実ではない。式見とペトロ岐部の両神父もまた、仙台藩領内で捕縛されたことは否定できない。しかし、彼等がどのようにして、捕えられたかは不明であり、ルビノ神父の指摘するように、彼等もまた仙台藩に出頭して捕えられたのかも知れない」と語っています。（五野井隆史著『ペトロ岐部カスイ』）

おそらく、捕縛される前に仙台藩に出頭した三人のイエズス会神父は、そこから囚人として江戸送りとなったのです。そして、江戸に送られた三人は、評定所《ひょうじょうしょ》で四回の審問を受けることになります。

当時、すでに、ほとんどの海外からのキリスト教宣教師は国外に追放され、わずかの神父たちが長崎や仙台に潜伏、決死の覚悟で教えを広めていました。そのような神父たちが逮捕された場合、すぐに処刑するのでなく、まず、信仰を捨てるよう執拗な審問が行われたようです。この三人の神父の場合、相当厳しい審問が行われたようですが彼等はそれを乗り切ったのです。

しかし、さらに過酷な試練が三人に待っていました。老中・酒井讃岐守《さぬきのかみ》忠勝の下《しも》屋敷で五回目の審問が行われたのです。これには、将軍家光が臨席、沢庵《たくあん》和尚として知られる品川東海寺の住職・沢庵、時代劇で知られる柳生重兵衛《やぎゅうじゅうべえ》の父親である柳生但馬守《たじまのかみ》なども加わり、キリスト教に対する厳しい尋問が続けられました。ところが、ここでも三人の神父に棄教を迫る尋問に失敗、あとは、大目付《おおめつけ》の井上筑後守に尋問は託されたのです。

井上筑後守――彼の手にかかると、さしもの信仰の勇者も棄教すると言われた幕府官吏です。恫喝《どうかつ》することなく、じわじわと、人間の弱さを知り尽くしたかのごとくに「転び」（棄教）を誘発するその手腕は、他の役人に比べ群を抜いていたと言います。

「井上筑後守の屋敷での吟味は十日間続いた。この間に、筑後守は彼等を屈服・棄教させることができず、その後は恐らく江戸小伝馬町の牢屋に彼等を移し、強硬手段の拷問にかけた。穴吊しの拷問であった。六三歳に達していたポルロと式見の両神父は、二週間も審問が続いた事も原因してか、ついに力尽きてしまった。彼等がどのような状態で信仰を棄てると表明したのかは明らかではない。しかし、その後に強要されたとは言え、念仏を唱えたことは確かのようである。彼等二人の棄教は、(中略)七月二十八日よりかなり前のことであった。彼等は、『一両年指置候所ニ、二人共病死』したとされる」

(『ペトロ岐部カスイ』第7章　五野井隆史著)

ポルロ神父と式見神父の棄教の報は、長崎にいち早く伝わりました。当時、長崎には貿易を差し止められたポルトガル商人がおり、貿易断絶の悪い知らせと共に、二人のイエズス会神父の棄教のニュースを、彼等はマカオにもち帰ったのです。この三年後に、死を覚悟して日本に潜行したルビノ神父は、ポルロ神父とはイエズス会のコレジオで共に学んだ仲でした。同僚の棄教の報を聞いた彼の、苦渋に満ちた内容の書簡が残っています。

「(両神父)は信仰を棄てたと吹聴されています。しかも、誰が彼等の生計を支えていたのかと問われた時、彼等はマカオのポルトガル人であると答えました。そのため、この市との貿易を絶つことに決意するに至ったとのことです。以上のことは、長崎の人々がポルトガル人たちに語ったことです。ある人々は、三人全員が殉教者として死に、役人たちは、パードレたちの評価を落とそうとしてこの噂をまき散らした、と言っています。しかし、最初の噂が勢いを得ており、また現在流布している噂です。こうした混乱以外には、この問題についての確信を得ることができません。ポルロ神父が死んだことも確実です。彼は病気で死んだと言われ、また別の人たちは彼が拷問から解き放たれた後に牢獄で死んだ、とも言っています。これは、私達を最も苦しめ、イエズス会には甚《はなは》だ大きな不面目となる報せです。（中略）パードレ・ポルロについては、私はそのようなことを信じることができません。なぜなら、私は彼と一緒にミラノのコレジオで養成され、彼はそのコレジオが輩出した最も熱意

東京にある伝馬町牢屋敷跡は、現在、公園、コミュニティ施設、寺院になっている。処刑場跡には記念碑などがある。編集部撮影

ある人々の一人であったからです」（『ペトロ岐部カスイ』第7章　五野井隆史著）

あの信仰篤《あつ》いポルロ神父が、厳しい拷問を受けたとは言え、棄教することなど、親友のルビノ神父には到底信じられなかったし、否、信じたくなかったでしょう。当時の、この悲報を受けたマカオのイエズス会には重い空気が流れていたにちがいありません。

しかし、その深い闇の中にも光はありました。それは、当時の徳川幕府もあまり注目していなかったペトロ岐部《きべ》の存在です。ペトロ岐部は、長い海外生活のため、日本での活動の期間も短く、ポルロ神父や式見神父ほどには重要視されてはいなかったようです。ですから、両神父が各々、一つの穴に吊るされたのに対し、彼は、二人の同宿《どうしゅく》（使用人）と共に同じ穴に吊るされています。

彼は、自分と同じように穴吊りにされた同宿たちを絶えず励まし続けたため、役人たちは根負けして、彼をもっと残酷な方法で殺すに至ったのです。

同宿二人は、ペトロ岐部が殺されると、まもなく信仰を棄てて穴から解

駆け足出来事伝

伝馬町牢屋敷

慶長年間（十六世紀末―十七世紀初頭）に設置され、一八七五（明治八）年まで使われた。未決囚の収監や、死刑囚の処刑などが行われ、現在の拘置所に近い存在だった。

牢内に窓はなく、トイレも牢内にあり、劣悪な環境だったため、皮膚病になる収容者が多かったという。

一七四二（寛保二）年に、公事方御定書《くじかたおさだめがき》ができるまでは、さまざまな拷

放され引き上げられました。彼等は後に牢送りとなり生き延びたのです。

「ベキ、あるいはキベと称する坊主野郎は、この夏、伊達政宗の領地で捕えられ、最近、江戸で死に至るまで苦しめられ拷問を受けた。あらゆる拷問が彼に課せられたのち、彼の裸の腹の上に、乾いた薪木の小片が置かれ、ゆっくり火がつけられた。このため、彼の臓腑は彼が死に至る以前にほとんど身体から飛び出した。このようなすべての苦痛の間、彼は絶えずその信仰について尋問されたが、これに対し彼は、貴下たちにはこれらのことを了解することも理解することもできない。従って、貴下たちに説明しても無駄である、としか答えなかった」(同右)

右は、一六三九年十一月二日のフランソワ・カロンの日記の一節です。カロンは当時、平戸オランダ商館長でした。江戸から戻った通訳官から聞いた話として、ペトロ岐部の最期の様子について記しているのです。

興味深いのは、カトリック教徒であるペトロ岐部《きべ》を「坊主野郎」と見下げて呼び捨てにしていることです。当時のオランダは反カトリック教会の立場を取るプロテスタント教会の国でしたから、そんな背景がこの

問が行われていたが、同書が制定されてからは、四種類に限定され、重犯罪に限定された。岐部が収監された頃は、無制限の時代だった。人の命を奪い合う戦国時代を知る人も生きていた時期にあり、犯罪容疑者の命を軽くみる傾向があったかも知れない。

幕末には、安政の大獄で捕らえられた吉田松陰、橋本左内なども収監され、ここで処刑された。

現在、跡地は寺と公園、廃校になった小学校を利用したコミュニティセンターになっている。

言葉にも表れています。

ペトロ岐部は一六三九（寛永十六）年七月の、ある暑い夏の日に、江戸小伝馬町の牢屋の中庭で息を引き取りました。彼は激痛に悶えながらも死に至るまで毅然として「転び申さず候」と言い続けたといいます。幕府側の資料「契利斯督記」（キリスト記／『続々群書類従』第12）には、その事実が記されています。

「キベヘイトロ（ペトロ：編集部注）コロび申さず候　ツルシ殺され候　同宿《どうしゅく》ども勧め、キベを殺し申し候」

この「契利斯督記」は、江戸小伝馬町で、ペトロ岐部の尋問にあたった井上筑後守の証言が基になっているとされています。井上は幕府官吏として、キリシタンを取り締まる立場にあった人間です。彼の役人としての役目は、キリシタンを「転び」に誘発することでした。「転び」となれば、一般の信徒よりも、神父など指導者を棄教させることの方がはるかに効果的と考えたのでしょう。「穴吊り」という、なかなか死なない方法で、じわじわと肉体を弱らせ、「転び」を誘発するのです。

井上筑後守は、狡猾《こうかつ》に、かつ冷静にこの任務にあたりました。しかし、その官吏の口から「転ばなかった」という言葉が残されたのです。ここに、井上筑後守のペトロ岐部《きべ》に対する人間としての畏敬の念が

ペトロ岐部の故郷・国東に建つ像。編集部撮影

表れています。微かではありますが闇の中に光はあったのです。

✠国東半島・浦辺にて

別府湾の西の端に突き出た国東《くにさき》半島――古くから、日本古来の「ほとけの里」として知られた半島のちょうど中間地点に位置する浦辺（現在の国見）が、ペトロ岐部の故郷です。

二〇一四（平成二十六）年の十一月、筆者は国見町を訪れました。そこは、海沿いの寒村という風情が今も残っている地域で、四百年前も同じこの自然をペトロ岐部も見ていたのだろうと思うと胸に迫るものがありました。

一五八七（天正十五）年、ペトロ岐部は浦辺に住むキリシタン一家に長男として生まれました。この年は、豊後のキリシタン史の中でも特筆される出来事が次々と起こった年で、四月二十七日の復活祭には黒田官兵衛に導かれた大友義統《よしむね》、岐部左近太夫《さこんだゆう》らが洗礼を受けています。

さらにその二か月後の六月二十八日、豊後の領主だったキリシタン大名・大友宗麟《そうりん》が逝去。七月二十四日には、豊臣秀吉が筑前箱崎で、伴天連《ばてれん》追放令を発令しています。そんな激動の年に生を受けたペトロ岐部の生涯も、文字通り筆舌に尽くし難《がた》く波瀾万丈の様相を呈していきます。

父親の名はロマノ岐部。信徒ではありましたが浦辺のキリシタンの群れを導く役割を担い、神父が不在の時には洗礼も授けていたと言いますから、ペトロ岐部も父親から幼児洗礼を受けた可能性があります。

当時の、豊後のキリシタンの状況は、嵐の前の静けさともいうべきものでした。一五八五（天正十三）年の豊後の改宗状況を示す宣教師側の資料によりますと、臼杵、志賀（竹田）、野津、津久見を除く府内（大分）とその近郷においてキリシタンとなった人々が五千八百七十九名もいたことを、各地ごとの数字を挙げて伝えています。

それによりますと、府内以外の地については、別府：百六名、立石：七十名、浦辺：百四十四名とあります（参照：『完訳フロイス日本史』第2部27章　ルイス・フロイス著）。

ペトロ岐部の父・ロマノの名がイエズス会側の資料に出てくるのは、一五八九（天正十七）年九月二十日付のイエズス会日本年報においてです。この報告書を読むと、当時、父・ロマノが浦辺のキリシタンの群れでいかに重要な役割をしていたかがよく分かります。

「浦辺の主要な殿たち（の一人）で、戦いの折にキリスト教に深い理解を示してキリスト教徒になった岐部左近《きべ》殿の妻は、夫と甚だ善良なるキリスト教徒である親族の岐部ロマノから、我らの聖なる教えの事を聞いて、キリスト教徒になることを決意しました。そして、洗礼を受けることを強く望みましたので、ロマノが彼女に洗礼を授けることを申し出ました。彼は同様の任務（洗礼を授けること）を果たすための許可をパードレ（神父）達から得ていたからです。しかし、彼女はロマノの手による洗礼（の有効性）に全幅の信頼を寄せていなかったので、パードレ達が戻って来るのは間近いことと思われるために、そして戻って来たその時にパードレの手によって洗礼を受けるとして、（それまで洗礼を）待つことにする、と言いました。しかし、重い病気に罹《かか》った時に、彼女は洗礼を授けてくれるようロマノに頼みました。そして洗礼を受けてから数日後に、救霊についての確かな期待を残して死去しました」（『ペトロ岐部カスイ』第1章　五野井隆史著）

この一五八九（天正十七）年のイエズス会の報告書の内容を見ると、その二年前の一五八七（天正十五）年七月二十四日に秀吉による伴天連《ばてれん》追放令が出たため、当時の浦辺には、パードレたちが追われて不在だったことが分かります。ペトロ岐部は、その幼年時代を迫害下にあった豊後の寒村・浦辺で、過ごしたのです。

二十六人の殉教者

一五九六（慶長元）年七月、フィリピンのマニラを出航したスペインのガレオン船、サン・フェリペ号は、メキシコに向かう途中の東シナ海で台風に襲われて漂流、三か月後に土佐湾に漂着しました。船長のランデチーヨは、豊臣秀吉に謁見《えっけん》を求めますが、それはかなわず、京都奉行から派遣された増田長盛は、積荷や所持金の全てを没収し、乗組員全員を拘束します。

スペイン船に対し、これほど強硬な態度をとったのにはわけがありました。当時、豊臣秀吉に、「スペイン人たちは海賊であり、ペルー、メキシコ、フィリピンを武力制圧したように日本でもそれを行う」という情報がもたらされていたのです。ですから、それまで入港していたポルトガル船には見せなかったような拒否反応を示したのです。

その年の十二月八日、秀吉は、再びキリシタン禁教令を公布します。八七年に秀吉が出した最初の伴天連追放令以降は、イエズス会の宣教師たちは、活動を控え、おとなしくしていたのですが、スペインから新たにやって来たフランシスコ会の司祭や信徒たちが大胆な宣教活動を始めたことも、秀吉の怒りに火をつけたのです。

秀吉は、京都奉行の石田《いしだ》三成《みつなり》に命じます。

「サン・フェリペ号に乗っていたフランシスコ会宣教師と、京都に住むフランシスコ会司祭、およびキリシタン信徒を捕縛せよ」

その結果、フランシスコ会の司祭七人と信徒十四人、イエズス会関係者三名の合計二十四人が捕縛され、長崎に一行が送られる途中で、彼等を助けようとしたかどで、二人のキリシタンが新たに捕まっています。

実は、当初の逮捕者名簿には、キリシタン大名の高山右近の名もあったという説もあります。しかし、最初の伴天連《ばてれん》追放令で地位も名誉も全てを失った右近に同情的だった石田三成は、その右近の名を逮捕者名簿から消したというのです。さらに、イエズス会の修道士・三木パウロの名もあったため、彼も救済しようとしたのですが、それはかないませんでした。石田三成は、後に、徳川家康の天下取りの時、反旗をかかげ、関ヶ原の戦いに敗れたあと処刑された人物として知られています。

捕縛された二十四人のキリシタンは、京都堀川通り一条戻り橋で、左の耳たぶを切り落とされ、市中引き回しという残酷な仕打ちを受けています。一五九七（慶長二）年一月十日、長崎で処刑せよとの命を受け、一行は、大坂を出発、歩いて長崎に向かいます。道中、イエズス会員の世話をするように依頼されて付き添っていたペトロ助四郎と、同じようにフランシスコ会員の世話をしていた伊勢の大工・フランシスコも捕縛されました。二人は付き添うことを止めれば助かっていたでしょう。しかし、彼らは一行から離れることなく信仰のために命を捧げる道を選んだのです。

一行が長崎に着いた時、当時の長崎奉行・寺沢広高の弟・半四郎は、一行の中に、十二歳の少年・ルドビコ茨木がいるのを発見、憐れみの心から信仰を棄てることを条件に助けようとしますが、ルドビコは、その申し出を丁寧に断っています。子供では他に十三歳のアントニオがいました。彼の父親は中国人で母親が日本人です。

処刑は、二月五日、長崎の西坂の丘の上で行われました。この日、長崎市内は混乱を避けるため外出禁止令が出されましたが、四千人を超える群衆がそこへ集まって来たのです。

イエズス会司祭のルイス・フロイスは、この現場で、処刑の一部始終を見ていました。彼の、日本における最後の報告書である「日本二十六聖人殉教報告書」には、その生々しい記録が残されています。作家の井上ひさしは、その記録の抜粋を次のように記述しています。

「十字架は四つの部分から成っている。一つは胴である。他は上下二本の横木と、胴の真ん中に突き出ている短い木で、この短い木に殉教者たちは馬乗りになり、身体を支える助けとする。手足は釘ではなく縄でゆわえられた。十字架の横についている鉄輪《かなわ》で手足を固定された者もある。首は首枷《くびかせ》に似た鉄輪で留められた。次に殉教者たちは胴と両腕の三カ所を十字架もろとも縄でぐるぐる巻きにされた。

こうしておいて、獄吏たちは十字架を起し、穴に差し込み、石をつめて動かぬようにした。十字架を起され、立てられるのは非常な苦痛のようで殉教者たちは身体を痙攣《けいれん》させた。だがそれはほんの一瞬のことであって、ふたたび全員の五体から、間もなくむくろになる身体から不思議な生気を溢

長崎の処刑地だった、西坂にある 26 聖人記念碑。同じ敷地内に記念館も併設されている。
写真：wikimedia

れさせ、たがいに、――すぐに苦しみは去りましょう。もうしばらくはお気をたしかに。――ええ、まもなく、ぱらいそ〈天国〉でお目にかかりますよ。――主（神）よ、あなたを守りたまえ。――あなたに神の御恵みがありますように、と声をかけあっている。

やがてその声が、『ぜずす（イエス）、まりや（マリヤ）、ぜずす、まりや』の一色になり、その中から、『称《たた》えよ、主を。称えよ、主の御名を』と讃歌をうたう澄んだ声がきこえはじめた。声の主はアントニオという十三歳の少年で、このあいだまでわれわれの修道院へ教理の勉強に来ていた子である。

四名の獄吏はこの天使の歌声にさそわれたかのように槍の鞘《さや》を払った。

『ぜずす、まりや』の声がさらに高くなった。四名の獄吏は、二手に別れて走りながら全員に槍を刺した。二人のうちの一人は殉教者の左側から、もう一人は右側から槍を刺した。この二本の槍で殆どが絶息した。すぐに死なない者がいると獄吏はさらに一、二本刺した。『ぜずす、まりや』と唱える声は次第に細くなりながら、全員が絶息する瞬間まで続いた。苦痛から動いたものも、呻《うめ》き声を出したものもいなかった。

全員が示した勇気と忍耐は大したものであった。傷口から血はとうとうと流れ出て、すぐにその大地に注いだ。

なぜだろう。ザビエル神父の布教からまだ五十年も経っていないこの野蛮の地に、なぜ、かくも聖なる血が注ぎうるのか。なぜ日本土民はこのように堂々と神の栄光のために死んでいくことができるのか。神父の私をさしおいてなぜ」（『わが友フロイス』井上ひさし著）

この長崎における悲惨な出来事のニュースは同じ九州の豊後の地にも、ほどなく伝えられたことでしょう。浦辺に住むキリシタンたちにも衝撃を与えたにちがいありません。

ペトロ岐部《きべ》はその時、九歳です。けれど、父・ロマノから篤い信仰を受け継いでいた彼にとって、十二歳の少年を初めとする殉教者たちの最期の勇気ある態度は、生涯、決して忘れることのできない心の記憶として残りました。

✠長崎のセミナリオ入学

豊後の国・浦辺は、現在は国見町となっていますが、この地域から、長崎までは約三百三十キロ。もちろん、四百年前の日本で交通機関と言えば、馬か籠《かご》くらいのもので、民衆にとって、ほとんどの旅は、ただひたすら歩くというものでした。

一六〇〇（慶長五）年、岐阜県・関ヶ原では、徳川の東軍と豊臣の西軍が天下取りに雌雄《しゆう》を決する戦いが起こり、別府の石垣原では徳川側の黒田如水（官兵衛）と豊臣側の大友義統《よしむね》が激突、ロマノ岐部《きべ》は、元々、豊後の領主だった大友義統の下に馳《は》せ参じたのですが、戦いには敗れます。

岐部一家のその後の消息については、伊美《いみ》中村に逃れて、円浄寺跡に隠れ住んだと伝えられています。元々、円浄寺は岐部家を檀家としていたのですが、ロマノ岐部のキリスト教への改宗後、多数の檀家を失い、さらには、キリシタンによる排仏行動のため、別の場所へ移転を余儀なくされた経緯があります。

そんな激動の年に、十三歳になったペトロ岐部は、国東《くにさき》半島の村から、徒歩で十日間はかかる長崎の地へ、おそらく父ロマノと共に向かったことでしょう。それは、長崎にあったイエズス会のセミナリオへ入学するためでした。

ペトロ岐部の故郷・国東から大分トラピスト修道院に至る道が「オラショ巡礼の道」と名づけられている。http://www.oracio-junrei.com/about.html　　写真：ツーリズムおおいた

「戦争の余燼《よじん》がまだ残る、しかも世相の混乱している最中、十三歳の少年がただ一人で十日以上も要する長旅に出たとは考えられない。父ロマノが恐らく彼に同行して長崎まで行ったのではなかろうか。国東半島から長崎に至るにはいくつもの険阻な山を超えなければならず、その進むべき街道筋や海上には山賊や海賊が跋扈《ばっこ》していたからである。ペトロは果たしてどのような道を通り、山越えをして長崎に至ったのであろうか。

いくつかの経路が考えられるが、可能性が高いのは、父ロマノがかつて往還した府内（大分）に出て、湯布院・玖珠《くず》・日田に至り、日田街道の要衝甘木《あまぎ》を経て、筑後の久留米に進んで、南ノ関から肥後高瀬に出、海路島原半島の口ノ津に寄って茂木に着き、そこから日見峠を越えて長崎へ入ったコースであろうか。（中略）このコースは、宣教師達がしばしば往還していた道であった（『イエズス会日本通信・下』）」（『ペトロ岐部《きべ》カスイ』五野井隆史著）

セミナリオ――これはポルトガル語で、イエズス会の初等教育機関をそう呼んでいました。ドイツ語でゼミナール、英語でセミナーと言った言葉も思い出されるでしょう。

ペトロ岐部が入学したセミナリオは、元々、滋賀県・安土の地にあったのが、本能寺の変で織田信長が殺された後、難を逃れ長崎に移転したという経緯があります。しかし、その当時の長崎には、コレジオと呼ばれた高等教育機関や、司祭館、印刷所、さらに司教区大神学校もあり、セミナリオは仮住まいの状態だったようです。

そこで、当時の領主でキリシタン大名の有馬晴信に交渉したところ、晴信が新妻のために有馬の日野江城下に新築した数棟の屋敷と広大な敷地をイエズス会に贈与したのです。ペトロ岐部は、仮住まいの長崎のセミナリオには一年ほど滞在し、一六〇一（慶長六）年末には有馬に新しく建設されたセミナリオに移っています。

なぜ、ペトロ岐部は、セミナリオへ行く決心をしたのでしょうか。考えられるのは、父・ロマノの、自らの子供を神に捧げるという信仰です。時代は乱世です。この世の栄華や富の空しさを体験したロマノにとって、息子が、真理であるキリストを人々に伝えるという使命に生きてほしかった、と考えるのは自然なことです。
一方、一五九七（慶長二）年、長崎の西坂の処刑場で刑死した二十六人のキリシタン、特に、賛美歌を歌いながら殉教していった十二歳の少年の姿は、ペトロの心に深く刻まれていたはずです。後にペトロは、自分の意思でセミナリオに入った、と記しています。

当時のセミナリオは、キリスト教が根底にあるヨーロッパ文化を、ラテン語で学ぶことができる唯一の学校でした。ラテン語の学習の状況は、今日の英語教育に置き換えると理解できるかも知れません。世界を相手に国際人として通用するように、英語が必須ということを私たちは知っています。十六世紀のカトリック教会という国際的で「普遍的」な組織につながるためには、ラテン語の習得が欠かせなかったのです。イエズス会の司祭になることを夢見ていたペトロ岐部にとって、ラテン語は越えなければならない高いハードルでした。

セミナリオにおける生活は実に規律正しいものでした。夏には、四時半起床、朝の祈りとミサ、掃除を六時までに終え、朝食の九時までは、ペトロのような年少者はラテン語の単語の暗記、教師の講義。午後は、日本語の読み書き、賛美歌の歌唱と楽器の練習、ラテン語の読み書き。夜は、再びラテン語を書いて覚え、八時にはカトリックの教義を学び、祈りで一日を終えるのです。

このような、規則正しい生活を五年間続け、ペトロは、十九歳でイエズス会の同宿《どうしゅく》に任じられます。同宿とは、司祭や修道士の生活全般の世話係ともいうべきもので、人に仕えることを徹底的に学びます。しかし、セミナリオを出た場合、当時、長崎にあったノビシアド（修練院）に進む道もあったはずです。どうして、彼は入れなかったのでしょう。考えられるのは、彼の修道者としての資質が一部の司祭にあまり評価されていなかったことです。

後に、ペトロ岐部《きべ》はマカオでも司祭への道をイエズス会の一部の司祭から妨害されています。日本人の同宿の中には、イエズス会の司祭に差別を受けたことを恨み、イエズス会を離れていった例もありました。ペトロもその差別を何回も受けたはずです。彼の場合、それをバネにして成長していきます。逃げ出すことなく何回も立ち上がったのです。それは、彼が、人の思惑に左右されず、デウス（神）の御心を第一に歩んだキリシタンだったからとも言えましょう。

高山右近、国外追放

一六一四（慶長十九）年正月、徳川幕府は、遂に、キリシタン禁教令を発令。ポルトガルやスペインから来たすべての宣教師や日本のキリシタン指導者たちの追放命令を下しました。その中には、キリシタン大名・高山右近の名もありました。

当時、加賀藩主・前田利常の配下にあった右近でしたが、利常の父・利長は右近が先の伴天連《ばてれん》追放令で逃亡生活を送った際、彼を助け金沢に教会まで建てることを許した人物です。ところが、利長亡き後、藩主となった息子の利常は、キリシタン禁教令の命に従ったのです。

利常は右近に対し、金沢在住のジョアン・バエサ神父を長崎へ送ることを命じています。そして、神父が出発した三日後、高山右近、内藤如庵《じょあん》にも追放命令が下りました。

金沢を出発した右近一行は、冬の北国《ほっこく》街道を警護の役人に見守られ徒歩で進み、十日後には、近江坂本に到着、そこに一か月滞在後、大坂を経て、今度は海路で長崎へ送られます。長崎では、トードス・オス・サントス教会に収容され八か月ほど留め置かれています。なお、収容された教会の跡地には現在、曹洞《そうとう》宗・春得《しゅんとく》寺が建っています。

一六一四（慶長十九）年十月六日と七日、およそ四百人のキリシタンの指導者や宣教師、その人々に仕える日本人の同宿らが、数隻の小型船やジャンク船に乗せられて、一路、マニラやマカオに出発しました。

マニラへの船旅はおよそ一か月続きました。古いジャンク船での航行は激しい嵐に悩まされ、食糧不足も深刻でした。病気になる者も多く困難を極めます。しかし、右近の心は平安に包まれていました。秀吉の伴天連追放令の時も、殉教の死を受け入れようとした右近です。マニラへの旅はおそらく天国（パライソ）へと続く道と思い定めていたのではないでしょうか。

未知の国への旅は予想もしないような結末が待っていました。一六一四（慶長十九）年十二月二十一日、マニラに到着した一行を待ち受けていたのは、想像もしなかった歓迎の嵐だったのです。右近のキリシタン大名としての名声はマニラの地にも伝わっていました。

マニラに到着した右近とその家族には、日本人居留地の近くにあるスペイン風の家屋一軒が与えられました。しかし、その時、右近の体は重い病に冒されていたのです。到着後、四十日で高熱で倒れます。追放後の過酷な日々が、そして、嵐の中の船旅が六十歳を越えた右近の身体を極限まで弱らせていました。高熱にうなされながら最期の時を迎えた高山右近――その口から、繰り返し語られたのは「わが主を、仰ぎ見行かん」という言葉でした。

一六一五（元和元）年二月三日夜半、キリシタン武将・高山右近は、波乱に富んだ六十三年の地上の生涯を終え天の故郷へと旅立ちました。死の前、モレホン神父に右近はこう尋ねたといいます。「人々がこれほどの名誉を与えてくださるにふさわしいことを、私がしたのでしょうか?」

ペトロ岐部《きべ》が、キリシタン禁教令が出た後、右近と同じように、追放の身となりマニラに向かったのは一六一五（元和元）年の初めと言われています。ということは、右近がマニラの地で六十三年の生涯を終えた頃、長崎を発ちマニラに向かったことになります。彼がマニラに到着した時には、すでに右近亡き後で、二人は地上では会うことはありませんでした。しかし、右近の献身の生涯の物語はペトロ岐部に大きな影響を与えたことが考えられます。マニラは右近にとっては終焉《しゅうえん》の地でしたが、ペトロ岐部にとってはそうでありません。彼の最終目的地はローマでした。ですから、マニラは中継地点であり、ほどなくマカオに移動することになるのです。

マカオからの脱出

ペトロたちが逃れるように行きついたマカオにも嵐は吹き荒れていました。そこは、日本人信徒にとっては必ずしも安住の地ではなかったのです。一六一五年秋頃にペトロはマニラからマカオに渡航しています。サンパウロ教会に隣接するコレジオが彼の落ち着き先でした。そのコレジオには、すでに、一六一四（慶長十九）年のキリシタン禁制後に、同年十一月六日、福田から船で来航した五十三人の同《どう》宿《しゅく》が収容されていました。同宿とは、修道士や司祭の使用人であり、多くの司祭が追放された際、その逃避行に同行していたのです。

しかし、ここで事件が突発します。一六一五年、管区長カルヴァーリオやイエズス会に対する不満が頂点に達した修道士・塩塚ルイスが、反旗を翻したためイエズス会を放逐されたのです。この事態に同情を示したのが、ローマ帰りの教区司祭・荒木トマスでした。この司祭は、同宿に対し、イエズス会を去ってインド・ヨーロッパに行き、教区司祭になるよう勧誘します。

修道会の中で吹き荒れる嵐――ペトロ岐部にも人間関係に不満は募っていたことでしょう。マカオに留まって司祭になるべく勉学に励む道は閉ざされようとしていました。この時、「どんなに犠牲を払ってでも、ローマへ行こう」と彼が決意を新たにしたことは十分考えられます。

ペトロがローマに行くためには、どうしても、その中継地であるインドのゴアに行く必要がありました。同僚の多くがイエズス会と袂《たもと》を分かち、マカオから日本に帰り、あるいはマニラからコーチンシナ経由で帰国するのを波止場で見送るたびに、彼は日本へ帰りたいという望郷の念にかられたことでしょう。一方で、ゴアへの船を探す努力も怠っていませんでした。

インド渡航を希望し、実際にそれを実行したのは、ペトロ岐部《きべ》、ミゲル・ミノエス、小西マンショの三人です。しかし、彼ら同宿《どうしゅく》の前途は決して明るいものではありませんでした。巡察師・フランシスコ・ヴィエラは、この三人の行動を苦々しく思っていたようで、彼らを「放浪者」呼ばわりして、その行く手を阻もうとします。

ヴィエラは、一六一八（元和四）年一月十日付のローマ総会長補佐・ヌーノ・マスカレニアス宛ての書簡で、「放浪者」に援助の手を差し伸べないよう要請しているのです。

「この者たちのうち数名の者は自らの召命について熱意を失ってしまい、私達の意向に逆らってインドへ行ってしまいました。彼等のうちのある者たちは信仰のために日本から追放されたとの口実でヨーロッ

インドのゴアにあるボム・イエス教会。ザビエルの遺体が安置されており、ゴアに着いたペトロ岐部も、おそらくここを訪ねたはずだ。写真：wikimedia

パさらにローマに渡航しようとしています。当初は、それは信仰のためでしたが、しかし今はこの若者たちの主なる望みは聖職者になることであり、叙階された者として日本に戻ることです。しかし、彼らはまだ、未熟なキリスト教徒であり、生来高慢にして新奇なものを好んでいますので、そのために彼等が聖職者となって日本へ帰ったならば、そのキリスト教界をいたく傷つけてパードレたちを分裂させ、異教徒の親戚や知人たちのなかに自らを委ねてしまうでしょう」（『ペトロ岐部カスイ』第3章　五野井隆史著）

もちろん、イエズス会には、ヴィエラのような人物ばかりではありません。ペトロ岐部がゴアに行くまでの旅費を援助した司祭もいたようで、マカオから、マラッカを経由してゴアにたどり着いたのは、一六一七（元和三）年五月頃のことでした。

当時のゴアは、インドの首都で、ポルトガル人が来航して貿易をいとなみ、ポルトガル国王の副王、カトリック教会の大司教が駐在し、国王の顧問会議と法務局が設置されており、東方の各地を統治していました。訪日する前、ザビエルがイエズス会の重要なポストにつき活動していたのもゴアです。

✠聖地エルサレム

ゴアに着いたミゲル・ミノエス、小西マンショ、そしてペトロ岐部《きべ》の三人が、まずしなければならないことは、ゴア滞在費をいかに工面するかであり、雨期明け後にポルトガルに渡航するために船をどう調達するかでした。すでに「放浪者」のレッテルを貼られた三人には、ゴアのイエズス会の司祭の中には警戒をする人もいたでしょうが、彼等に同情して援助金を工面してくれる司祭もいたようです。

ところが、意外な出来事が起こりました。一六一七年の九月頃、遂にリスボン行のナウ船を見つけたにもかかわらず、その船にはミゲル・ミノエスと小西マンショだけが乗船、ペトロ岐部はゴアに留まったのです。なぜ、ペトロは別行動を取ったのでしょうか。イエズス会教会史家・バルトリが書いた『日本イエズス会史』にはペトロ岐部について次のような記述があります。

「彼は……同地（シナ）からインドへ行った。そしてそこから、彼は一つには信仰につき動かされて、ま

イスラエル北部にあるガリラヤ湖周辺は湿潤で、エルサレム周辺のような乾燥した厳しい気候ではない。それはイエスの慈愛に満ちた心のようだ。編集部撮影

た一つには私達の見たいとの好奇心にかられて、陸地によって、そしてペルシアを横断してエルサレムまで来た。この聖地を訪問し、それからローマまでの行脚が続いた（『日本イエズス会史』47号）」（『ペトロ岐部カスイ』第3章　五野井隆史著）

これで、ペトロとあとの二人の目的地が違っていたことが分かります。ミゲル・ミノエスと小西マンショは、ポルトガルのイエズス会本部で司祭に叙階されることを望み、ペトロ岐部は、どうしても聖地エルサレムを訪れキリストの御足の跡をたどりたいと言う強い思いがあった。そして、彼の最終目的地はローマだったからです。

「ペトロ・カスイは聖地を訪れようと決意した時点で、敢えて苦難の道を歩むことによってイエズス・キリストに近づき、イエズスを身近に感じた

オリーブ山から見た現在のエルサレム市街。中央のドーム屋根のモスクが建つ場所に、ユダヤ教の神殿があった。中央部を左右に走る淡紅色の城壁が夢のように美しい。編集部撮影

いと念願したのであろう。バルトリも指摘するように、彼は篤い信仰につき動かされて、イエズスが生まれ、歩き、活動し、殺されてのち蘇《よみがえ》った聖なる土地を自らの眼で確かめ、神に思いを致そうとした。それは、カルディム(『日本の精華』の著者)の言葉を借りると『私たちの救世主キリストの血に染まって、かつて至聖なる足跡を刻みつけて、今なお私たちの救済の遺跡となっているパレスチナの聖地』を訪れたいとの一念から生じたことであった。そのためには、我が身を危険にさらすことを少しも厭《いと》わず、苦難を耐え忍ぶことによって自らの信仰を高め、その一方で司祭叙階の是非を問い糺《ただ》そうとしたのではなかったろうか。彼の最終目標は司祭となって帰国し、迫害と弾圧に苦悩する同胞の霊魂を救済することであったために、ゴアからエルサレムに至る未知の旅は、自分に司祭職に就くための資質があるのか、同胞

の救霊という重責を担うことができるのかを見極めるための試練の場と意識されていたはずである。エルサレム巡礼の決断はゴアに到着してからなされたのであろう」(『ペトロ岐部カスイ』第3章　五野井隆史著)

残念ながら、ペトロ岐部《きべ》が、どのようなルートでゴアから聖地エルサレムにたどり着いたかは記録がありません。ただ、当時の商人たちが隊商を組み砂漠を横断していたという記録はあります。ペトロはその隊商にもぐりこみエルサレムへ向かったと思われます。

おそらく、一六一八(元和四)年九月以降、ペトロ岐部は、ゴアを船で発ち、ホルムズ海峡を経てウブッラ(現在のクエート国)に到着したと考えられています。このウブッラから大キャラバン隊がダマスカス(現在のシリアの首都)を目指していました。ウブッラからダマスカスへの道は、砂漠のまっただ中を進むため三か月近くかかったと言われています。ですから、ペトロ岐部が、ダマスカスに着いたのは、一六一九(元和五)年の四月頃で、この時期は、砂嵐が激しく舞うため過酷な旅であったことは想像できます。

ダマスカスから聖地エルサレムまでは、隊商から離れ一人旅になったのでしょうか。ペトロがただひたすら歩いたことは間違いありません。ヘルモン山を右手前方に望み見ながらゴラン高原を下り、ヨルダン川沿いに行くとガリラヤ湖が見えてきます。ガリラヤ湖周辺は、イエスが歩まれ活動した場所が点在しています。聖書でその場所を記憶に深く留めていたペトロ岐部は、サマリアの地を経て、ダマスコ門から、遂に、エルサレム市に入ったのです。作家の遠藤周作は、ペトロ岐部《きべ》がエルサレムに入った時の感動を次のように記述しています。

「エルサレムを訪れた者には、それがどの方角であれ、この聖都が忽然《こつぜん》としてあらわれた記憶がある筈《はず》だ。特に、ユダの砂漠をぬけてベタニヤの村を通り、オリーブ山にたどりついた瞬間、眼下に淡紅色の城壁に囲まれたこの街が突然、姿をみせる。それは黎明《しののめ》、金色の朝の光が地平線の向うに急にあらわれるのに似ている。光は糸のようにのび、次第にその幅もひろげ、やがて薔薇《ばら》色に変わっていく。エルサレムは旅人にそのような形で出現するのだ。……ここを訪れた最初の日本人、ペドロ岐部は丘の上から凝視したのである」(『銃と十字架』砂漠を横切る者　遠藤周作著)

十七世紀初頭のエルサレム、そこには、キリスト教の遺跡・聖墳墓教会がありました。しかし、それに勝ってイスラム教の遺跡・金色に輝く岩のドームがその威容を誇っていました。当時のパレスチナはオスマン帝国が支配し、イスラム圏となっていたのです。

今から四百年前、ペトロ岐部が遠望したであろうエルサレムの全景は、実は今、観光客がエルサレムを訪れてみる光景と余り変わっていないと思われます。

ペトロが一番、訪れてみたい場所は十字架の道であり、丘の上に三本の十字架が立っていた場所でした。今、ゴルゴタの丘と言われる場所がその処刑場であったとの説は十九世紀になって出てきますから、ペトロ岐部の時代には別の場所の可能性があります。

いずれにせよ、イエスの十字架の道行きの行程こそ、ペトロにとって訪れることを切望していた場所だったはずです。

ローマへの道

エルサレムからローマへの旅――どれくらいの日数がかかったのでしょうか。イエズス会の創設者・ロヨラの場合、逆方向ですが、一五二三年五月中旬にローマから一か月をかけヴェネチアに着き、パレスチナ行きの巡礼船が出航するまで二か月待って七月十四日にガレー船に乗り込み、八月三十一日にヤッフォ、現在のテル・アビブに入港しています。

ペトロもエルサレムから二か月近くかけて、ローマにたどり着いたのでしょうか。港町ヴェネチアに着いたペトロは、ボローニャ、フィレンツェ、シエナなどの町を通り、一六二〇年の六月頃、遂に、ローマ市にたどり着きます。追放者として長崎を発って五年以上の歳月が経っていました。

その三十五年前、ローマを訪れた少年遣欧使節団がポポロ門から入市する時に多くの拍手喝采をもって迎えられたのに比べ、ペトロ岐部は、誰に迎えられることもなく、唯一人でひっそりと門をくぐったことでしょう。しかし、ペトロの心は歓喜に満たされていたにちがいありません。彼はどれくらい聖地に滞在したのか――。キリシタン研究家の松永伍一氏は「年があけて春の復活祭まで約半年イスラエル内に滞在した」とペトロ岐部《きべ》伝に記しています。

ここで思い出していただきたいことがあります。マカオを出る時、ペトロ岐部ら三人の同宿《どうしゅく》を「放浪者」呼ばわりをして、ローマの総会長宛てに、「彼等を受け入れないように」と警告文を送った巡察師・ヴィエラのことです。巡察師というのは、宣教地で司祭や修道士の素行を調査し、本部へ密かに、その調査結果を報告する義務を負っていました。その警告文が、ペトロがローマに着く前に、すでにローマ総会長のもとに届いていたのです。

イエズス会の首脳陣は、ペトロ岐部の処遇をどうすべきか苦慮したことでしょう。しかし、この陽に焼けた意思の強そうな青年は、二年もの歳月をかけて徒歩でローマにたどり着いたのです。同じ、信仰者として、首脳陣たちはペトロの中に真実なものを感じ取ったにちがいありません。

さらに、助け手もありました。日本に長く住み日本人に深い理解をもっていたモレホン神父が、イエズス会総会長宛てに、日本人の同宿を受け入れてくれるよう嘆願書を出してくれていたのです。モレホン神父は、高山右近の最期の時、枕辺でその死を看取った人物です。

「今エヴォラにいる者はすでに哲学の学士であり、かつ善良な学生ですので、私達がこの者やその他の

バチカンの中心、サン・ピエトロ大聖堂。1626年完成のため、ペトロ岐部は建設途上の姿を目撃していたのかもしれない。写真：wikimedia

者をも保護しようとしないならば、彼等はパードレたちや、あるいは他の三人の聖職者たちに対して敵意を抱くであろうし、私達を不快にさせることになります。私はこちらで（ポルトガルの）管区長のパードレに話しました。私達は彼が倫理神学を聴講することができるように、またはイエズス会に入れるように努力しようとしています。尊師は私達のパードレ（総会長）と話して戴きたい。私は、彼等がイエズス会に入会して十分な評価を与えられてから司祭に叙階された後に日本に行くように努めることが最善である、と考えています（一六二〇年九月二十日付、モレホン神父のマスカレニアス総会長補佐宛の書簡）」（『ペトロ岐部カスイ』第４章　五野井隆史著）

ペトロ岐部がローマに着いた時、三十三歳になっていました。このジパングからやって来た遠来の客に対し、ローマのカトリック教会が、誠実に対応したことが当時のイエズス会の記録などからうかがい知れます。ペトロは、司祭になるための試験にも合格、一六二〇年十一月、司祭に任じられ、彼はローマ教区の教区司祭となり、司教としての第一歩を踏み出します。志を立ててから十四年の歳月が流れていました。

そして、同年十一月二十日に、イエズス会に正式に入会することを許されたのです。驚いたことに、それまでイエズス会の司祭に仕える同宿《どうしゅく》として働いてきたペトロですが、正式にはイエズス会員ではなかったのです

彼がイエズス会に入会した時、「由緒並びに召命に関する小報告」を作成、提出していますが、その冒頭に、「私の名はペトロ・カスイ、父・ロマノ岐部《きべ》、母・マリア波多の子、当年三十三歳、生まれは日本の豊後国《ぶんごのくに》浦辺」と記しています。さらに、その中には、「神の賜物に関しては、数えきれないほど特別に私のため与え給うたことを感じている。と言うのは、数多くかついろいろな労苦と危険から解放されて、ようやく、イエズス会の修練者に加えていただいたからである。自分の召命に満足しており、また、自分の救霊および、同胞のそれのために進歩したいという大きな希望をもっている」とそのビジョンをも記しているのです。

ちなみに、ペトロ・カスイの「ペトロ」は洗礼名で、「カスイ」は号を表しています。「カスイ」は漢字にすると「葛西」ではないかという説もあります。

一六二〇（元和六）年九月頃、ペトロ岐部がローマに到着してから二年後、一六二二年六月六日に同地を去ってリスボンに向かうまでの間に、彼は念願の司祭職に就くことができ、イエズス会への入会も許されました。このローマ滞在中に彼は、カトリック教会として特筆される歴史的出来事にも遭遇しています。一つは、教皇パウロ五世の葬儀と新教皇の選出・戴冠式というローマならではの大きなイベントに立ち会うことができたのです。もう一つ、イエズス会の創始者イグナチオ・ロヨラと東洋布教の使徒・フランシスコ・ザビエルが聖人に上げられたのも、彼のローマ滞在中のことでした。

この年、遠く祖国・日本では、長崎で大殉教が起こり五十五人のキリシタンが火あぶりの刑に処せられています。

✠迫害の嵐吹く日本へ

一六二三（元和九）年三月二十五日、ペトロ岐部は、他の二十四人の宣教師と共にリスボンの港を後にしました。ゴア渡航船に乗り込むことができたのです。四か月後に喜望峰を越えました。九月には越冬のため、モザンビークに寄港、ゴアに着いたのは翌年の五月と言いますから、一年以上の航海ということになります。

なぜ、かくも船旅は時間がかかるのか？　その最大の原因は、当時の帆船は風次第ということで、季

東京·田町駅近くのビルの敷地にある、江戸の元和大殉教処刑場跡の碑。東海道の街道脇にあり、多くの人々が処刑の光景を目にしたはずだ。今も新鮮な花が手向けられていた。編集部撮影

節風に乗らなければ航海は不可能だったからです。ですから、航海の大部分は、風待ちの時間が占めていました。ペトロ岐部《きべ》の日本への旅は、ゴアに着いても、まだまだ端緒にしか過ぎなかったのです。

ところで、日本では一六二三(元和九)年に、長崎に続いて、江戸の大殉教が起こり五十人のキリシタンが火あぶりの刑に処せられています。この事件の発端は、キリシタン武士の原主水《もんど》が家臣の裏切りによって、宣教師らと共に捕縛され小伝馬町の牢屋に入れられたことにありました。二人の神父と原主水を初めとする日本人キリシタン四十八人が火刑に処せられたのです。

一六二三年十二月四日、五十人は、三つのグループに分けられ、小伝馬町の牢獄から処

刑場のある札の辻まで徒歩で行きました。江戸に住むキリシタンの中心人物のアンジェリス神父、ガルベス神父、そして、原主水が馬に乗せられて進み、他の者は縄で縛られて歩きます。

先に、四十七人が柱に縛られ火がつけられました。二人の神父と原主水は馬に乗せられたまま、信者たちが燃え盛る火の中で賛美歌を歌い祈る最期の姿を見守っていました。最後の一人が倒れると三人は馬から下ろされ、それぞれに柱に縛られ火がつけられました。ヨハネ原主水は、火炎が激しく襲いかかった時、大切なものを抱きかかえるように炎のまわりに腕を回したと言います。彼は、終始、身動き一つしないで立っていましたが、遂に、縛られた柱と共に前方に崩れ落ち手足を伸ばして大地に横たわったのです。

翌年の一六二四（寛永元）年には、東北で百九人、平戸で三十八人のキリシタンが火刑に処せられています。もちろん、祖国・日本での迫害の状況については、ペトロ岐部も、後に知ることになるのですが、それらの悲報を聞くたびに、祖国・日本へ一日も早く帰りたいと焦る気持ちが高まっていったのではないでしょうか。共にローマに向かったミゲル・ミノエスがリスボンで受け取ったペトロ岐部からの手紙には、「日本では迫害が甚だしく、日本人修道士さえ一人も入国できず、彼等は帰国の良い機会を待っています」と書かれています。

一六二五（寛永二）年八月、ペトロはゴアよりマラッカを経由してマニラに着きました。彼が日本に着くのはそれから五年も後のことですから、いったい彼の身に何が起こったのか、気になるところです。

以下に、彼の足取りを年代順に記してみます。

一六二五年十一月、ペトロ岐部《きべ》は、マニラからマカオに渡航。そこで、一年数か月を過ごしますが、どうしても日本行きの船を調達できなかったのか、モレホン神父の勧めもあり、日本人街があり山田長政という日本人が国を統治しているシャム（現在のタイ国）に行くことを決意します。そこで、日本行きの船を捜せと言うわけです。

ペトロはポルトガル船でシャムに向かいました。途中、オランダ船に襲われ、命からがら浜辺にたどり着きますが、ジャングルの中を十四日間も歩き続け、ようやくマラッカに着いたと思うと、マラリアに罹《かか》っており高熱を出し死線をさまよいます。

しかし、彼には燃えるような使命感がありました。その病が癒えるとマラッカを脱出、目的のシャムの首都・アユタヤに着いたのです。そこは、かつてモレホン神父によってキリスト教が広められ、当時、外国人神父二名と、日本人修道士が布教を続けていました。モレホン神父を覚えているでしょうか。一六一五（元和元）年二月三日、マニラの地で、高山右近が最期の息を引き取った時、そばにいたのがモレホン神父です。あの後、マニラからシャムに渡ったモレホン神父は、アユタヤに初めてキリストの福音を広めたのです。

ペトロはアユタヤに二年間滞在しましたが、やはり、日本行きの船を調達することができませんでした。作家・遠藤周作はペトロ岐部を描いた『銃と十字架』の中で、なかなか帰国できないペトロ岐部の状況を見て、彼の日本へ帰国するという使命感がやや弱まったのでは、と分析していますが、果たしてそうでしょうか。

ペトロは、アユタヤでの船の調達をあきらめ、再びマカオに戻る決意をします。ところが、マカオに戻る途中、立ち寄ったマニラで思いもよらず、船を手に入れることができたのです。ペトロは、沖合に浮かぶルパング島で日本に向けて出港の準備に取り掛かります。出航間際に、船が白蟻に食われるなどのトラブルもありましたが、遂に、一六三〇（寛永七）年六月十二日、ペトロ岐部とミゲル松田の両神父、そしてマニラの信徒たち数人は日本に向け出航したのです。それは、死を覚悟しての帰還の旅でした。

「人間の計画がいかに不確実で、そしてもろいものであるのか知らない者は誰もいません。なぜなら、すでに万端の準備がなされた時、つい最近のことですが、船が白蟻、と言うよりはむしろ虫に食われて穴があき、それも現在ではなく全く手の施しようがないと思われるほどになっていることが分かりました。なぜなら、この地方には鉄や瀝青（アスファルト）その他のものすべてが不足しているからです。そのうえ、作業を完了させるには僅《わず》かな日数しかありません。従って、私達は船に内側から板を固着させ、ブリナンまでためしに航行することを決定しました。そのようにして、もしもその応急措置がうまくゆくならば日本までまっすぐに直航いたします。しかし、それができないのであれば、他の船と取り替えるか、または外側から船に補強するつもりです（一六三〇年六月十二日付、ペトロ岐部からマニラの学院長・

ロペス神父への手紙）」（『ペトロ岐部カスイ』第６章　五野井隆史著）

「もしも神の恩寵によって風が吹き、それを信頼して私達が帆を張り、私達を無事に日本へ導いて下さるならば、私は今一度、私達の旅についてと同様に彼の地の教会の状態について少しずつ尊師に書き認《したた》めたいと思っています。ともかくも、キリストの助力を得て、聖なる祈りとミサ聖祭において私達のために神に祈ることをやめることのないように、尊師にお願いいたします（ルパング島を出航する前に、マスカレニャス神父にペトロ岐部《きべ》が送った手紙）」（『ペトロ岐部カスイ』第６章　五野井隆史著）

✠ペトロ岐部・最期の日々

一六三〇（寛永七）年六月、フィリピンのルパング島を出帆したペトロ岐部は、ルソン島沿いに北に針路を向け、カガヤン岬からバブヤン島を右手に見て北上、台湾を左手に見て北へ北へと航行、与那国島と八重垣島との間を通って石垣島に達します。しかし、嵐のために遭難し、長崎に入港できず、鹿児島の坊の津にたどり着いたのです。そこは、その八十年ほど前、ザビエルが日本上陸を果たした同じ港でもありました。

「同じその頃、イエズス会の神父、ミゲル松田とペトロ・カスイは、上長が購入した船に乗り込んでいました。乗組員は追放されたキリスト教徒からなり、彼等は困難な企てに身を捧げたばかりではなく、殉教の機会に身を委ねていました。船が恐ろしい嵐に襲われて七島付近の海岸で壊れた時、船は、日本と同じ緯度にありました。遭難者たちはこの国の小舟一隻《せき》を手に入れることができました。そして、土地の士卒たちの監視のもとに薩摩《さつま》の港である坊の津に達しました。彼等は、役人たちの面前に連れて行かれた時には、商人の名義で通されました。そして、天下に入り込みました」（パジェス著『日本切支丹宗門史』）

ペトロ岐部が坊の津に着いたのは七月頃ではないかと言われています。徳川幕府によるキリシタン禁教令が発布されて十六年、キリシタンは地下に潜伏し、海外からの宣教師も長崎などに潜伏して密かに布教活動をしていた頃です。十五年ぶりに日本に帰って来たペトロ岐部にとって、まさに、嵐の中に船を漕ぎ出すような状況だったでしょう。

坊の津に着いた一六三〇年から、その九年後、江戸の牢獄で殉教の死を遂げるまで、ペトロ岐部が、どこで、どのような活動をしていたかは断片的な記録しかありません。おそらく、坊の津から長崎に行った彼は、そこが、もはや布教の自由がない場所と分かると、遠く東北の地へ行ったことが推測されます。しかし、一六三二（寛永九）年になると、潜伏中の宣教師の大多数が捕えられ処刑されていきます。このため、細々と維持されてきた宣教体制は完全に崩れていくのです。

特に一六三三（寛永十）年は、イエズス会にとって大打撃となる出来事が起こります。十月十八日、長崎で捕えられたフェレイラ神父が、激しい拷問の末に、その苦痛に耐えかね棄教したのです。当時、フェレイラ神父は日本イエズス会管区長代理という重責を担っていました。「天使のような」神父として、信徒からも慕われていたと言います。その指導者が背教者になったのです。

遠藤周作は小説『沈黙』の中で、このフェレイラを登場させ、罪ある人間の弱さについて徹底的に追及していますが、フェレイラ自身、多くの殉教者の最期に立ち会い、その信仰の勝利の記録を数多く残しているのです。後に、棄教したフェレイラは沢野忠庵という和名を付けられ、妻帯を強制され、長崎奉行の使用人として、キリシタンに棄教を迫る役目を命じられます。

ペトロ岐部《きべ》にとっても、この事件は大きな衝撃を与えました。フェレイラが問題を起こした時、ペトロ岐部はすでに、東北の地で潜伏し活動していたと思われます。しかし、フェレイラを何とか立ち直らせようと願っていたペトロが、そのために危険を冒して、長崎を密かに訪れたという記録が出てきたのです。イエズス会の新しい巡察師マノエル・ディアス神父は、総会長宛て一六三六年十二月十二日付の手紙で、次のように記述しています。

「ある日本人が話すところによると、パードレ・カスイ・ペドロは、長崎に来て、彼（フェレイラ）

に助言して、もしも彼が庄屋（役人）のところで前言（棄教を宣言したこと）を取り消すならば、自分は彼の穴吊しの拷問に同伴するだろう、と彼に言いました。しかし、その男はそのようにすることは望みませんでした。従って、パードレはすぐに退去してしまいました。ところで、これを知らせた人は十分な証拠とするほど疑いようのないような証人ではないことです。恐らく来年には追放された人々のなかで誰かがこの件についていっそう確実な報告を私に与えてくれるはずです」（『ペトロ岐部カスイ』第７章　五野井隆史著）

捕まった宣教師などが収容された切支丹屋敷の跡。東京の茗荷谷駅から徒歩7分ほどの場所にある。フェレイラも棄教するまではここにいたはずだ。江戸時代中期には潜伏する宣教師もいなくなり、廃止された。編集部撮影

ディアス神父は、この噂が確かな事実であるかどうかは保留していますが、フェレイラが棄教してすでに三年が経って、ペトロ岐部が警戒の厳しい長崎に説得のために来たということは根も葉もない話とは到底思えません。

後に、沢野忠庵は、天文学や医学の本を著し、西洋文明を紹介する徳川幕府の

ブレーンの一人となったということですが、遠藤周作は、その子孫にも会い取材をしています。一説には、フェレイラは最期に信仰を回復したとも言われていますが、真偽のほどは分かりません。

しかし、黒田官兵衛に導かれてキリシタンになった大友義統《よしむね》が、伴天連《ばてれん》追放令が出ると棄教し、キリシタン迫害者となった事例を思い出してください。ルイス・フロイスは『日本史』の中で、義統を「背教者」として記録しましたが、フロイス亡き後、義統は、またも官兵衛の導きで信仰を回復するのです。その最期の様子はイエズス会年次報告書にも出てきますが、義統の心は平安で神の恵みに満ちていたと記されています。

この義統の例を見ても、人の心の問題に早急な結論を出すことの危うさを感じます。フェレイラが、最期の時、彼の罪と哀しみを担い十字架に架かられたイエス・キリストに、「主よ!」と再び魂の叫びを上げ、息を引き取った――そんな物語が生まれていたかも知れないのです。

✠二〇一四年十一月、国見

筆者の故郷・大分県別府市から、海岸通りを西へ車で約一時間半、海辺の寒村の景色が見えてきます。ペトロ岐部《きべ》の生まれた浦辺は、今は、国東《くにさき》市国見岐部と地名が変わっています。元々、この地は五十年前までは全く注目を集めるような町ではありませんでした。ところが、イエズス会のチースリク神父の功績によって、ここが日本人として初めて徒歩で聖地エルサレムに行き、後に殉教したペトロ岐部の故

イエズス会宣教師・トリゴーの報告に基づいて描かれた、日本における殉教の絵。外国人画家が伝聞で描いているため正確さに欠けるが、緊迫感が伝わってくる。『日本におけるキリスト教の勝利』より。大分市歴史資料館所蔵

郷であることが分かり、今では記念会堂が建ち、ペトロ岐部《きべ》カスイ神父記念公園ができ、多くのキリスト教徒が訪れる場所となっています。

記念公園には、「国見ふるさと展示館」が併設され、ペトロ岐部のセピア色の書簡やイエズス会関係の貴重な資料の複製が展示されています。そのラテン語で書かれたペトロ岐部の書簡を見ていると、あの戦国時代という闇の中に、神の愛という光を見出し、その喜びを一人でも多くの日本人に伝えようと、日本に戻って来た彼の真実を思わないわけにはいきません。彼は、他者の救いのために自らの命を捨てる覚悟をしたのです。

話を四百年近く前に戻してみましょう。十五年ぶりに帰国したペトロ岐部でしたが、遂に故郷・浦辺に帰ることはありませんでした。一六三五（寛永十五）年、背教者となったフェレイラに会うために決死の覚悟で長崎に行った後、彼は、後ろ髪引かれる思いで、再び東北地方に赴いたようです。

そして、一六三九（寛永十六）年三月、水沢（岩手県）の地で彼の滞在先の夫婦が訴えられたため、遂に仙台藩の奉行所に出頭、他の二人の神父と共に捕縛され江戸送りとなりました。

その時、ペトロ岐部五十二歳。穴吊りという極限の拷問を受けながらも、彼は、同じように激しい拷問に悶え苦しむ同宿《どうしゅく》の信徒を最後まで励まし続けたと言います。

その惨状について、幕府側の取り調べ資料も、次のように事実を書かざるを得なかったのです。

国見ふるさと展示館（国東市）にはペトロ岐部に関する展示がある。写真：ツーリズムおおいた

「キベヘイトロ（ペトロ：編集部注）コロび申さず候　ツルシ殺され候（中略）同宿ども勧め、キベを殺し申し候」（『契利斯督記』）

おわりに

二〇一一年三月十一日、宮城県・牡鹿半島に点在する漁村は、東日本大震災で大きな被害を受けました。船を流され、家を流され、魚処理工場も流されました。毎年、七月に、この牡鹿半島の漁村を訪れていますが、震災から三年後くらいからでしょうか、この漁村で、小さな聖書を学ぶグループができたのです。

ある夏の暑い日のことです。夜の、仕事の話し合いが終わった時、ボランティア活動を続けてきたキリスト教会の伝道者が「さあ、これから、聖書タイムです」とみんなに新約聖書を配り始めました。そこにいた漁師の家族のみなさんは、それを受け取ると、みんなで、輪読を始めたのです。そして、それぞれが聖書を読んだ感想を述べ合います。その家のご主人が言いました。

「イエス様が神様だちゅうことは分かるんだ。だけんど、イエス様が一番の神様だということが、まだ、分からねえ」。

その漁師さんのお宅には、海の神様を祭った立派な神棚があります。そして、聖書の学びが始まった頃から、その神棚の横に新約聖書がちょこんと置かれているのです。それを見て、日本人の、古来から受け継がれてきた典型的な精神風土の原風景を見る思いがしたのです。風も雷鳴も、山も海も、あらゆる大自然の在り様に人間を超える大きな力を感じ、それに対し畏敬の念をもち手を合わせてきたのが日本人だと言えるかも知れません。それだけではありません。偉人と言われる人々が、神と崇められ祭られるのが日本特有の宗教性でもあります。

このような日本の精神風土に、キリスト教が渡来した時、人々は、どのような反応をしたのでしょうか。戦国大名の中には、ポルトガルとの貿易を有利に進めるためキリスト教に入

信するという例がなかったわけではありません。しかし、多くのキリシタン大名は、ご利益宗教としてキリスト教に帰依《きえ》したわけではなく、「十字架に架けられたイエス」を救い主として信じ、礼拝し、従っていったのです。大友宗麟《そうりん》は、禅宗に帰依した大名ですが晩年にはキリストに従う道を選び、戦いに敗れた後も、その信仰は揺るぎませんでした。

聖書には、「十字架のことばは、滅びに至る人々には愚かであっても、救いを受ける私たちには、神の力です」（コリント人への手紙第一1・18）という言葉があります。確かに、「十字架に架かられたイエス」を救い主として信じるなど常識的にはばかげたことです。しかし、その真理を、自分のこととして受け取り、人生のすべてを神の愛にかけた人々、すなわち、キリシタンと呼ばれ、後に死罪になっても、その信仰を棄てなかった人々の存在こそ、従来の日本の精神風土には全くなかった「愛と赦し」のライフスタイルを実現してくれたのです。

一六一四年、第二代将軍・徳川秀忠によって、キリシタン禁教令が出て以来、二百五十年にわたり、日本では、キリスト教に帰依することは死罪にも値する犯罪でした。その間、信仰を棄てたら命を助けてやる、との取引にも「否」を唱え、殉教の死を遂げたキリシタンの数は数万にも及ぶと言われます。これは、世界でも類を見ないような殉教者の数なのです。

従来から、日本人の宗教性のいい加減さが指摘されてきました。曰く「七・五・三は神社で、結婚式は教会で、お葬式は仏寺で」というわけです。クリスチャンでもないのに、キリストの誕生日はお祝いムード一色になりますし、若者の胸にはファッションとして十字架の飾りが珍しくありません。

そのようなあいまいな日本人の精神性の歴史の中にあって、いのちよりも大切なものがあることを一途に証ししていったキリシタンの物語を、今こそ、混迷する日本で再評価することが必要なのかも知れないのです。

守部喜雅

【主な参考引用文献】

「完訳フロイス日本史・全12巻」（ルイス・フロイス著・松田毅一、川崎桃太訳・中公文庫）
「イエズス会士日本通信・上下」（村上直次郎訳・雄松堂）
「イエズス会日本年報 上・下」（村上直次郎訳・雄松堂）
「聖フランシスコ・ザビエル全書簡」（河野純徳訳・平凡社）
「キリシタン研究」（松田毅一著・風門書房）
「日本教会史」（ジョアン・ロドリゲス著・佐野泰彦他訳・岩波書店）
「日本切支丹宗門史」（レオン・パジェス著・吉田小五郎訳・岩波文庫）
「大友宗麟資料集・第二巻」（大分県教育委員会）
「九州キリシタン史研究」（ディエゴ・パチェコ著・キリシタン文化研究会）
「キリシタン迫害と殉教の記録・上」（助野健太郎、山田野理夫編）
「新カトリック大事典」（研究社）
「日本キリスト教歴史大事典」（教文館）
「キリシタンになった大名」（結城了悟著・聖母文庫）
「キリシタンの世紀」（高瀬弘一郎著・岩波書店）
「キリシタン禁制と民衆の宗教」（村井早苗著・山川出版社）
「九州キリシタン研究」（ディエゴ・パチェコ著・キエリシタン文化研究会）

「南蛮医アルメイダ」（東野利夫著・柏書房）
「バテレンと宗麟の時代」（加藤知弘著・石風社）
「大友宗麟のすべて」（芥川龍男著・新人物往来社）
「大航海時代のアジアと大友宗麟」（鹿毛敏夫著・海鳥社）
「ペトロ岐部カスイ」（五野井隆史著・教文館）
「ローマまで歩いた男・ペトロ岐部」（ドン・ボスコ社）
「ペトロ岐部と187殉教者」（おおいた豊後ルネサンス）
「天皇とキリシタン禁制」（村井早苗著・雄山閣出版）
「天皇がバイブルを読んだ日」（レイ・ムーア編・講談社）
「昭和天皇・七つの謎」（加藤康男著・ワック株式会社）
「天皇のロザリオ・上下」（鬼塚英昭著・成甲書房）
「沈黙」（遠藤周作著・新潮文庫）
「銃と十字架」（遠藤周作著・新潮文庫）
「わが友フロイス」（井上ひさし著・ネスコ、文芸春秋）
「キリシタン史考」（H・チースリク著・聖母文庫）
「象徴天皇という物語」（赤坂憲雄著・筑摩書房）
「キリシタンの心」（H・チースリク著・聖母の騎士社）

守部喜雅（もりべ よしまさ）
1940年、中国・上海市生まれ。慶応義塾大学卒業。
1977年から97年まで、クリスチャン新聞・編集部長、99年から2004年まで月刊『百万人の福音』編集長。現在はクリスチャン新聞・編集顧問。
ジャーナリストとして、四半世紀にわたり、中国大陸のキリスト教事情を取材。著書に『レポート中国伝道』（クリスチャン新聞）、『聖書－知れば知るほど』（実業之日本社）、『日本宣教の夜明け』『聖書を読んだサムライたち』『龍馬の夢』『サムライウーマン 新島八重』『天を想う生涯』（いのちのことば社）などがある。

撮影：石黒ミカコ

ザビエルと天皇

豊後のキリシタン歴史秘話

2016年5月31日 発行

著者　守部 喜雅

装幀・デザイン　吉田　葉子

発行　いのちのことば社フォレストブックス

164-0001　東京都中野区中野 2-1-5

編集　Tel.03-5341-6924　Fax.03-5341-6932

営業　Tel.03-5341-6920　Fax.03-5341-6921

e-mail support@wlpm.or.jp

印刷・製本　モリモト印刷株式会社

ISBN978-4-264-03317-2 C0021